Arno Backhaus

Arnos Advents- und Why-nachtsbuch

Arno Backhaus

Arnos Advents- und Why-nachtsbuch

Gaaanz andere Action, Spiele, Gags, Geschichten ...

Illustrationen von Jörg Peter

Brendow
VERLAG + MEDIEN

Die Deutsche Bibliothek – CIP-Einheitsaufnahme
Ein Titeldatensatz für diese Publikation ist bei
Der Deutschen Bibliothek erhältlich.

7. Auflage 2010
ISBN 978-3-86506-326-7

Einbandgestaltung: Brendow Verlag, Moers
Titelfoto: Masterfile
Vignetten: Petra Pfaffenholz, Bergisch Gladbach
Druck und Verarbeitung: CPI – Clausen & Bosse, Leck
Printed in Germany

www.brendow-verlag.de

Frohe Weihnachten!
oder
Das Fest der Lüge?

Ein offenes Wort statt eines Vorworts, das eh keiner liest!

- Wir reden von Jesus, aber meinen unsere gefüllte Kasse.
- Wir singen vom Frieden, aber kaufen auf dem Weihnachtsmarkt unseren Kindern Plastikmaschinengewehre aus Taiwan.
- Wir geben unzählige „geistliche" Weihnachts- und Adventskonzerte, meinen aber mehr unser Kunstverständnis für klassische Musik als geistliche Inhalte.
- Wir hören begeistert vielen schwarzen Gospelgruppen zu, die die frömmsten Texte singen. Wenn die gleichen Texte von Weißen nicht gesungen, sondern gesagt würden, würde man solche Leute als Sektierer abstempeln.
- Wir erzählen vom Fest der Familie, flüchten aber in den sonnigen Süden, um nicht mit den Eltern und Schwiegereltern zusammen sein zu müssen.
- Wir beten Jesus an, meinen aber eher unsere Gefühle.
- Wir sprechen von der Zeit der Besinnung, aber keine Zeit ist hektischer als diese.
- Wir spenden für Hilfsbedürftige, befriedigen aber vorwiegend unser schlechtes Gewissen.
- Wir predigen, dass Gott Mensch wurde, unternehmen aber nichts dagegen, dass in keiner anderen Zeit so viele unmenschliche Video-, DVD-Filme und Computerspiele verkauft werden wie in der Weihnachtszeit.

Wird vielleicht deshalb in dieser Zeit so viel Glühwein konsumiert, um das ganze Lügengebäude ertragen zu können? In der Bibel steht „Die

Wahrheit wird uns frei machen", und Jesus selbst sagt von sich, dass er die Wahrheit in Person ist. Dieser Jesus will uns frei machen von dem Weihnachts-Jesus, der nur für vier Wochen im Jahr zuständig ist und der uns mit Religiosität benebelt. Der Jesus, der in der Bibel beschrieben wird, der 52 Wochen im Jahr zuständig ist für das Leben, der in guten und schlechten Zeiten erreichbar ist, hat es nicht nur heute schwer mit dem, was man aus ihm macht. Jesus wollten sie schon bei der Geburt nicht richtig, mit knapper Not hat er ein Quartier bekommen, und nach 33 Jahren wollten sie ihn auch nicht, da haben sie ihn ans Kreuz genagelt, weil sie der Wahrheit nicht glauben wollten. Auch heute wollen wir lieber unseren selbst produzierten Luftballons folgen, die faszinierend sind, aber in denen nur Luft ist. Jesus will an seinem Geburtstag uns nicht benebeln, sondern wach machen für die Wirklichkeit, für Gottes Wirklichkeit. Und die ist manchmal unbequem, aber sie führt letztlich zum Leben.

Jesus sagt, dass am Ende aller Zeiten diejenigen leben und den Tod überwinden werden, die seiner Liebe und Wahrheit heute glauben wollen. Wenn Sie Weihnachten gut überstehen wollen und auch für das neue Jahr in Ihrem persönlichen Leben neue Kraft und Motivation benötigen, dann fangen Sie doch an, sich diesem Jesus anzuvertrauen. Erlauben Sie ihm, dass er Ihr Denken beeinflusst und Ihr Handeln, nehmen Sie ihn ernst, und das nicht nur Weihnachten und nicht nur sonntags. Jesus möchte in Ihrem Alltag wirksam werden. Dieser Jesus will keine Idee, keine Religion und keine Philosophie sein, sondern Ihr Freund. Ihm liegt alles daran, eine Beziehung zu Ihnen aufzubauen. Deshalb wurde Gott Mensch, aus keinem anderen Grund. Er wollte Licht in unsere oft dunklen Beziehungen bringen, dass wir wieder lachen können.

Nehmen Sie sein Angebot der Liebe und des Friedens ernst. Dann macht er aus Ernst Freude, aus Angst Zuversicht, aus Resignation Hoff-

nung und aus Dunkelheit Licht. Regelmäßig zur Adventszeit werden ja Fenster, Vorgärten und Bäume mit allen möglichen Lichtquellen behangen. Es macht fast den Eindruck, je seltener Menschen in die Kirche gehen, je weniger sie an Gott glauben, um so heller wird es im und ums Haus herum. Jesus ist das Licht der Welt, darauf sollten ja die Lichter ursprünglich hinweisen. Es scheint, als wenn die, die Gott einen guten Mann sein lassen, als Erste ihr Licht anhaben und dass die, die mit Kirche und Glauben nichts zu tun haben, am stärksten mit in den Lichterwettkampf „Krieg der Sterne" einsteigen. Ob es die unbewusste Sehnsucht nach „dem Licht der Welt" ist?
Ich habe schon lange das Gefühl, dass es bei dem großen Lichterbombardement immer mehr nur noch um das Licht als solches geht, als Dekorationsmittel, ohne jegliche Symbolik, auf wen diese Lichter eigentlich hinweisen wollen. Das war auch der Grund, warum ich eine Lichtreklame mit dem Schriftzug „Jesus" entworfen und an meinem Haus in Calden angebracht habe. Es soll alle daran erinnern, wer das Licht der Welt ist. Er will es in unserem Leben wieder hell machen, da, wo Dunkelheit sich breit macht. Natürlich sind Proklamationen am Haus, Statements aus unserem Mund oder Gedanken, die wir denken, nicht das Entscheidende. Jesus will runter vom Haus, raus aus der Krippe, herab vom Kreuz in unser Herz, in unsere Hände und Füße. Er will in uns leben und dann durch uns handeln.
Mehr darüber jeden Heiligabend in Ihrer Kirche.

Euer Arno Backhaus

Der Wegweiser durch Arnos Advents- und Why-nachtsbuch

Geschichten, Gedichte, Songtexte und Szenen zum Lesen und Vorlesen

Spielideen und Quizfragen für Familien, Gruppen und alle Menschen zwischen 5 und 55 (und deren Eltern)

Gags, Witze und Peinlichkeiten zum Lachen, Schmunzeln und Weitererzählen

Aufsehenerregende und e-fun-gelistische original Arno-Aktionen zum Nachahmen empfohlen

Der Schandfleck

Jawohl, ich habe es getan! Weil ich es nicht mehr ertragen konnte, dieses Getue und Gefühlsgedusel, dieses Getöne. Ich will's nicht, ich mag's nicht, das ist nicht mein Ding! Und deshalb habe ich Weihnachten aus Gewissensgründen verweigert. Einfach so. Einfach?! Nein, so einfach war es nun auch wieder nicht. Im Gegenteil: Nicht zu glauben, wie schwer einem eine solche Entscheidung gemacht wird! Von wegen Meinungsfreiheit …

Kurz nach meinem 18. Geburtstag (ich hab im Juli) bekam ich den „Weihnachtserfassungsbescheid". Ich sei zur Weihnachtstauglichkeitsuntersuchung vorgeladen, teilte man mir darin mit. Es war Ende August – also höchste Zeit für die ersten Vorbereitungen, und – siehe da – die Schokoherzen begannen schon, die Supermärkte zu bevölkern. Was meinen Entschluss noch bestärkte.

„Willst du denn wirklich?", fragte meine Familie besorgt. „Vielleicht entstehen dir dadurch berufliche Nachteile … Denk daran, dein zukünftiger Chef ist immerhin ein alter Weihnachtsveteran und schon seit Jahrzehnten im Krippenspielausschuss unserer Stadt. Außerdem war er maßgeblich an der Pfefferkuchendiskussion beteiligt, hat damals sogar einen Brief an das „Ministerium für die Veteranen und Gestaltung des deutschen Weihnachtsfestes" geschrieben. Also überleg dir, ob du dir nicht Wege verbaust mit deiner Verweigerei. Und überhaupt, denk doch mal an uns. In unserer Familie hat bisher jeder sein Weihnachten ordnungsgemäß gefeiert."

Das drückte mich natürlich ziemlich. Schließlich wollte ich ja auch meinen Verwandten keinen Ärger machen. Trotzdem: Nein, ich blieb bei meinem Entschluss.
„Schreib der Behörde rechtzeitig", hatte man mir geraten, „am besten, bevor der Weihnachtsmusterungsbescheid (kurz WMB) kommt." Also setzte ich mich hin, um ein entsprechendes Gesuch zu verfassen.
„Ich möchte hiermit Weihnachten aus Gewissensgründen verweigern. Da sich die Art und Weise des Feierns und die allgemeine Auffassung von Weihnachten nicht mit meiner persönlichen decken (ich finde, dass sich das Fest unverantwortlich weit von seiner ursprünglichen Bestimmung entfernt hat), bitte ich um die Befreiung von Weihnachten bzw. um die Zulassung zur Weihnachtsersatzfeier", schrieb ich und berief mich dabei auf Artikel vier des Grundgesetzes. Erleichtert schickte ich das Dokument ab.
Ein paar Wochen später erhielt ich wie erwartet meinen Weihnachtstestbescheid, der den genauen Termin enthielt, an dem ich beim Weihnachtsersatzamt erscheinen sollte. Knallhart ginge es da zu, munkelte man mir leise ins Ohr. Einige ranghohe Weihnachtsmänner würden da ziemlich fiese Fragen stellen. Mir wurde mulmig. Aber es nutzte ja schließlich alles nichts. So erschien ich dann am 6. Dezember zum Test.
Der lange Flur, den ich entlanggehen musste, wirkte äußerst einschüchternd. Hinter allen diesen Türen lauerten irgendwelche Weihnachtsmänner und warteten nur darauf, mich auseinander zu nehmen. Sollte ich denn wirklich ...? Fast kam ich ins Zweifeln.
„So, so – Sie wollen also Weihnachten verweigern", sagte der würdige Greis mit dem langen weißen Bart in herablassendem Ton. Dann wurde er plötzlich eisig und fragte mit schneidender Stimme: „Wie kommen Sie dazu? Sie verweigern unserer ruhmreichen Tradition den Gehorsam. Sie missachten uns und unsere Anstrengungen in Vergangenheit und Gegenwart. Sie sind ein Schandfleck in der Geschichte der Weihnachtsfeier!"

Ich schluckte.
„Also noch einmal: Warum wollen Sie Weihnachten verweigern?"
Ich wiederholte mein Sprüchlein, unterbrochen von einem empörten Schnaufen.
Danach begann der zweite Weihnachtsmann sehr sachlich: „Aber sehen Sie doch mal, welchen Schaden Sie unserer Gesellschaft – nicht nur ideologisch, auch materiell – durch ihre Verweigerung zufügen! Sie sind zunächst ein schlechtes Vorbild für den Nachwuchs. Jemand, der Weihnachten, das Familienfest, verweigert, der hält doch auch nicht viel von Natur- und Brandschutz! Dem ist es doch, ganz logisch, auch egal, wie viel Gramm Staubzucker auf ein Plätzchen gehören und wie viel Rosinen in ein Stück Stollen. Ist Ihnen das nicht klar?"
Ich verneinte bescheiden.
„Aber begreifen Sie denn nicht: Wenn Sie nicht feiern, feiert vielleicht irgendwann auch Ihre Familie nicht mehr. Danach die Nachbarn, dann die Straße ... und was ist das Ende? Anarchie!"
Ich folgte seiner Beweisführung staunend und mit leicht offenem Mund.
„Und was noch schlimmer ist: Sie schädigen durch den Ausfall Ihrer Kaufkraft die Industrie, Sie hemmen das Wirtschaftswachstum, Sie bremsen das Bruttosozialprodukt!"
Ich schluchzte beschämt. Er beugte sich ruckartig zu mir, sah mir streng ins Angesicht und fragte: „Wollen Sie das?"
Ich konnte nur noch den Kopf schütteln.
„Na also", sagte er. „Ich sehe, Sie sind zur Einsicht gelangt, dass ..."
„Nö", sagte ich.
„Aber, aber", sagte nun der dritte Weihnachtsmann betont freundlich und sah mir väterlich in die Augen. „Ihre armen Eltern. Die sind dann doch zu Weihnachten ganz, ganz allein. Der Weihnachtsbaum brennt –"
Ich grinste.

„– äh – die Kerzen auf dem Weihnachtsbaum brennen, die Gans brutzelt in der Röhre, aus dem Radio singt –"
„Heino?", bot ich an.
„– aus dem Radio singt der Dresdener Kreuzchor – und Sie wollen nicht mitfeiern. Schämen Sie sich!" Er schenkte mir einen langen, traurigen Blick, und eine dicke Träne rollte in den weißen Hängebart.
„Aber das hab' ich doch gar nicht gesa...", begann ich.
„Halten Sie den Mund, wenn Sie mit uns reden!", brüllte der erste Weihnachtsmann, dass die Nadeln vom Tannenzweig fielen.
„Wenn Sie am 24. Dezember allein auf einer Insel wären mit einer Kerze und einem Streichholz. Was würden Sie nach Einbruch der Dunkelheit tun?"
„Ich – äh – vielleicht die Kerze anzünden?", stotterte ich.
„Ha, da haben wir's! Sie sind gar kein Weihnachtsverweigerer aus Überzeugung. Sie sind nur zu faul, zu feiern. Aber nicht mit uns, nicht mit uns!"
Dann wurde ich noch gefragt, ob ich schon mal was mit einem Weihnachtsmann hatte, ob ich an den Nikolaus glaube, ob ich an den Baum auch Ostereier hängen würde, wie ich das mit dem Tierschutz vereinbaren könnte, ob ich an ein Leben nach Silvester glaube, wo ich meine Uhr geklaut hätte, warum ich Plomben habe, wieso ich nicht schon fünf Jahre älter bin, ob ich wüsste, dass ich der Abschaum der Menschheit wäre, und andere Nebensächlichkeiten.
Schließlich stand mir noch die gesundheitliche Überprüfung bevor. Dabei sollte ich neun von zehn Anisplätzchen am Geschmack erkennen, mit geschlossenen Augen einen Adventskalender öffnen und mich im Halbkreis aufstellen und „O du fröhliche" zweistimmig singen.

Als Abschluss bekam ich die Aufgabe, die Bedeutung des Weihnachtsfestes zu erklären. Ich begann: „Vor zweitausend Jahren wurde in Bethlehem ein Kind geboren. Aber es war kein gewöhnliches Kind. Es war Jesus Christus, Gottes Sohn, der auf die Erde kam, um einer von

uns zu werden. Deshalb versteht uns auch keiner so gut wie er. Tja, und dieser Jesus soll für mich der Sinn des Weihnachtsfestes sein, nicht Lametta und Gänsebraten. Und …"
„Nein!", unterbrach man mich giftig. „Doch nicht das. Das wissen wir. Das ist doch alt. Können Sie nichts über Weihnachten als Lichterfest, als Familienfest, als Fest des Schenkens sagen?" Ich bedauerte, gerade dies sei ja der Grund meiner Verweigerung.
Schließlich stand ich aufatmend, aber auch etwas beklommen wieder auf der Straße. Ob ich die hohen Weihnachtsmänner überzeugt habe? Der Weihnachtsersatzfeier-Einberufungsbescheid (WEFEB) wird es zeigen …

Streichholzturm

ab 1 Person
ab 8 Jahren
ca. 5-15 Minuten
Charakter: spannend, kniffelig, etwas kompliziert, ruhig, kein Wettbewerb
Material: Flasche – genügend Streichhölzer – feuerfeste Unterlage (Metall- oder Emaille-Schüssel)

Besorgt euch eine feuerfeste Unterlage, eine Metall- oder Emailleschüssel, und stellt diese in die Mitte eures Stuhlkreises auf einen Tisch oder auf die Erde. In die Mitte der Schüssel stellt ihr eine leere Sprudelflasche ohne Verschluss. Alle Spieler sitzen im Kreis um den Tisch herum. Jeder bekommt fünf Streichhölzer. Nacheinander legt jeder Spieler gaaaaanz vorsichtig mit spitzen Fingern ein Streichholz auf den Flaschenhals. Die ersten Streichhölzer sollten nebeneinander liegen, damit ihr eine gute Grundlage habt. Danach könnt ihr immer zwei Streichhölzer mit kleinem Abstand nebeneinander legen, die nächsten beiden quer über die unteren, so dass ihr euch langsam nach oben arbeitet. Es entsteht ein Streichholzturm, der natürlich nicht umfallen darf. Der, der ihn zum Umfallen bringt, scheidet aus. Alle, die ihre fünf Streichhölzer abgelegt haben, bekommen fünf weitere Streichhölzer und können weiterbauen. Ihr entscheidet am besten gemeinsam, wann ihr aufhören wollt.

Jetzt macht ihr das Licht aus und einer von euch zündet ein Streichholz an. Die Flamme haltet ihr an eines der untersten Streichhölzer im Streichholzturm. Die Flamme wird sich langsam nach oben arbeiten (je langsamer, umso spannender!). Vielleicht wird irgendwann der brennende Turm umfallen, deshalb ist die feuerfeste Unterlage, oder besser die Schüssel wichtig, in die die brennenden Streichhölzer fallen können, ohne Schaden anzurichten. Vielleicht fällt der Turm auch nicht zusammen und die Streichhölzer „kleben" zusammen. Bei dieser Spielaktion geht es eigentlich nicht darum, zu gewinnen, sondern ein interessantes Bauwerk zustande zu bringen.

Was ist Weihnachten?

Fest des dreizehnten Gehaltes,
Fest des abgeholzten Waldes,
Fest des Schenkens und Besuchens,
Fest des Bratens und des Kuchens,
Fest der Kerzen und der Lichter,
Fest der festlichen Gesichter,
Fest des Rundfunkdauerlaufes,
Fest des Spielzeugwarenkaufes,
Fest der Briefe und der Karten,
Fest der Gänse und Poularden,
Fest der Träume und des Wähnens,
Fest der Rührung und des Sehnens,
Fest der friedensseligen Reden,
Fest der Flöten statt Trompeten,
Fest der Leeren und Zerstörten,
Fest der Blinden und Betörten,
Fest der weggespülten Klarheit,
Fest der unterschlagnen Wahrheit;
Wann, o Mensch, wird's offenbar,
was das Fest nun wirklich war?

Im Dunkeln schreiben

ab 2 Personen
ab 8 Jahren
ca. 5 Minuten
Charakter: spannend, kniffelig, starker Wettbewerb
Material: für jeden Mitspieler Papier und Bleistift

Bald ist wieder Nikolaustag. Nikoläuse sind ja bekanntlich auch nur Menschen und sind vergesslich, deshalb müssen sie sich alles aufschreiben, um nichts zu vergessen. Das Problem ist nur, um von Kindern nicht gesehen zu werden, reisen sie meistens im Dunkeln, da lässt es sich zwar gut munkeln und schunkeln, aber nicht schreiben. Aus diesem Grunde wollen wir das heute mal üben, d. h. jeder sitzt an einem Tisch, hat ein leeres DIN-A4-Blatt vor sich und einen Stift. Das Licht im Zimmer wird gelöscht und der Spielleiter diktiert einen Satz, den jetzt jeder versucht, auf das Blatt zu schreiben. Achtet darauf, dass es im Zimmer wirklich richtig dunkel ist und nicht eine Straßenlampe von außen reinleuchtet. Die Spieler können das Wort in Schreib- oder Druckschrift schreiben.
Ihr könnt ja, bevor ihr ganze Sätze schreibt, erst mal üben und kleine kurze Worte aufschreiben, wie: Ohr – Post – Rad – Tag – Uhr – Maus. Wer am besten schreibt, wird Obernikolaus.

„Glauben Sie ja nicht an Jesus“

Eine Aktion für die Advents- und Weihnachtszeit, gut geeignet für den Weihnachtsmarkt. Dort stellen Sie sich mit dem Schild auf: „Glauben Sie ja nicht an Jesus." Normalerweise macht man ja eher *für* etwas Reklame, aber so offen gegen etwas, dazu noch gegen Jesus, das fällt schon aus dem Rahmen. Viele Leute sind zwar nicht sonderlich für Jesus, sind aber auch nicht so gegen ihn, dass sie vor ihm warnen würden. Umso mehr reizt es sie, von mir zu erfahren, warum ich denke, dass sie nicht an Jesus glauben sollen.

Erklärungsmuster:
An den Jesus, der hier auf dem Weihnachtsmarkt „verkauft" und „vermarktet" wird, sollen sie nicht glauben. Der ist nur zuständig für drei Monate gutes Geschäft, für die Kaufleute und für vier Wochen gutes Gefühl in der Familie. Der wird im Oktober/November vom Boden oder Keller geholt, wird abgestaubt und muss herhalten für Business und Emotionen. Dieser Teilzeit-Jesus ist aus Watte oder aus Plastik aus Taiwan. Der Jesus, der in der Bibel vorgestellt wird, ist aus Fleisch und Blut. Er ist zuständig für das ganze Jahr und nicht nur für Augenblicke der Freude, sondern auch des Leids, des Ärgers, der Frustration.
Der Weihnachts-Jesus vernebelt meine Sicht, lullt ein, der Alltags-Jesus macht mich wach, verschafft mir eine klare Sicht für mich, meine Situation und diese Welt. Deshalb: Glauben Sie ja nicht an Jesus, so wie er Ihnen zur Weihnachtszeit »verkauft« wird!

JÖRG
2001

Oh, du fröhliche …!

Gebrauchter Tannenbaum

Kleinanzeige in der Tageszeitung vom 27. Dezember: „Gebrauchter Tannenbaum zu verkaufen. Nur 1 x drunter gesungen!"

Perfekt auswärts

Ein Sachse geht zur Weihnachtszeit in London auf einen Weihnachtsmarkt und will einen Tannenbaum kaufen. Er sagt im gebrochenen Englisch-Sächsisch: „E dännschen please."

Mehr Licht!?

Es ist besser,
ein kleines Kerzenlicht zu sein,
als ein großer Armleuchter!

Christen im Beruf

Ein Bergmann hat sich bekehrt und arbeitet jetzt in einem Christ-Stollen.

Keine Ahnung von Ahnenlisten?

„Dies ist das Buch von der Geburt Jesu Christi, der da ist ein Sohn Davids, des Sohnes Abrahams. Abraham zeugte Isaak. Isaak zeugte Jakob. Jakob zeugte Juda und seine Brüder. Juda zeugte Perez und Serah von Thamar. Perez zeugte Hezron. Hezron zeugte Ram. Ram zeugte Amminadab. Amminadab zeugte Nahesson. Nahesson zeugte Salma. Salma zeugte Boas von der Rahab. Boas zeugte Obed von der Ruth. Obed zeugte Jesse. Jesse zeugte den König David. Der König David zeugte Salomo von dem Weib des Uria. Salomo zeugte Rehabeam. Rehabeam zeugte Abia. Abia zeugte Asa. Asa zeugte Josaphat. Josaphat zeugte Joram. Joram zeugte Usia. Usia zeugte Jotham. Jotham zeugte Ahas. Ahas zeugte Hiskia. Hiskia zeugte Manasse. Manasse zeugte Amon. Amon zeugte Josia. Josia zeugte Jechonja und seine Brüder um die Zeit der babylonischen Gefangenschaft. Nach der babylonischen Gefangenschaft zeugte Jechonja Sealthiel. Sealthiel zeugte Serubabel. Serubabel zeugte Abiud. Abiud zeugte Eliakim. Eliakim zeugte Asor. Asor zeugte Zadok. Zadok zeugte Achim. Achim zeugte Eliud. Eliud zeugte Eleasar. Eleasar zeugte Matthan. Matthan zeugte Jakob. Jakob zeugte Joseph, den Mann Marias, von welcher ist geboren Jesus, der da heißt Christus."
Aus dem 1. Kapitel des Matthäus-Evangeliums

Sie merken, es bedurfte schon immer größerer Vorbereitungen für den 24. Dezember.

Über Kerzenflaschen steigen

ab 8 Personen
ab 6 Jahren
ca. 5-10 Minuten
Charakter: kniffelig, spannend, witzig-lustig, kein Wettbewerb
Material: 5-10 Kerzen – 5-10 Flaschen – Augenbinde

Weihnachtsmännern und Nikoläusen wird viel abverlangt, sie müssen im Dunkeln schreiben können und müssen oft mit ihren schweren Stiefeln durch hohe Schneewehen steigen. Heute üben wir das typische Nikolaus-Steigen.
In die Mitte des Kreises werden etwa 5-10 Flaschen (je nach Platz) in eine Reihe gestellt mit etwa 50 cm bis 80 cm Abstand. Auf jeder Flasche steckt eine brennende Kerze. Eine Person wird herausgepickt, die die Aufgabe hat, über die Flaschen zu steigen, ohne sie umzuwerfen und ohne sich an der Hose zu verbrennen. Der Spielleiter sollte darauf achten, dass der Spieler nicht neben der Flasche hersteigt, sondern möglichst über die Flasche steigt (beim Probelauf!).
Zwei Probegänge sind erlaubt, „um ein Gefühl für die Höhe und den Abstand zu bekommen", wird der Person gesagt. Beim Probelauf werden die Kerzen natürlich noch nicht angesteckt.
Und jetzt wird's ernst. Die Kerzen werden angezündet. Bei starken Schneestürmen sieht der Nikolaus natürlich gar nichts, da muss er sich

auf sein gutes Gefühl verlassen. Jetzt werden dem Spieler die Augen verbunden, währenddessen leise ein anderer Mitspieler alle Flaschen unbemerkt zur Seite stellt, vorsichtig, dass die Kerzen nicht ausgehen oder umfallen. Der Spieler mit den verbundenen Augen wird zur ersten „Flasche" geführt. Der Spieler steigt jetzt über die erste Flasche, wo gar keine ist. Als Gruppe kann man das natürlich unterstützen mit entsprechenden Kommentaren: „Oh, das war knapp!" oder „jaaaieieie" oder „... geschafft!!" „Pass auf!! Das Bein muss höher! Du verbrennst dir die Hose!" usw. Jede scheinbare Flasche wird erst dann wieder auf den alten Platz zurückgestellt, wenn der Spieler „über sie gestiegen ist".

Nach der letzten Flasche wird dem Spieler langsam(!) die Augenbinde abgenommen, damit ihr genügend Zeit habt, die restliche(n) Flasche(n) zurückzustellen. Ein Applaus für die super Leistung im Blindflug!

Geknechteter Karsten

Von draus vom Walde komm ich her,
Ich muss euch sagen, die Weihnacht stresst sehr.
Allüberall in den Einkaufsstraßen
Sah ich beschäftigte Menschen rasen.
Und droben aus dem Kaufhaustor
Sah mit großen Augen der Tiefpreis hervor.
Knecht Karsten, rief er, alter Gesell
Hebe die Beine und spute dich schnell!
Kauf jetzt und kauf gleich und kauf immerzu
Lass dir beim Kaufen ja keine Ruh
Und morgen flieg ich hinab auf Erden
Denn es soll eine klasse Silvesterfete werden.
Alte und Junge sollen nun
Von der Jagd der Weihnacht einmal ruhn
Und feiern deshalb mit letzter Kraft
Dass sie schon wieder ein Jahr ham geschafft
Mit Essen und Trinken und mit Raketen
Wolln sie dem neuen Jahr dann begegnen
Nun steht, wie ich's herinnen find.
Sind's müde Kind, sind's gestresste Kind?

Kerzen anzünden mit verbundenen Augen

ab 4 Personen
ab 8 Jahren
ca. 5-10 Minuten
Charakter: kniffelig-spannend, kein Wettbewerb
Material: Brettchen – vier Kerzen – Augenbinde – Streichhölzer

Auf ein Brettchen werden an allen vier Ecken Kerzen gestellt. Ein Spieler hat die Aufgabe, mit verbundenen Augen alle vier Kerzen anzuzünden. Wie lange braucht er dazu? Die Zeit wird gemessen. Jetzt kommt der nächste Spieler dran. Wer schafft es am schnellsten?
Wenn ihr genügend Brettchen habt, könnt ihr auch mehrere Spieler parallel spielen lassen. Wer hat als Erster seine vier Kerzen angezündet? Nehmt möglichst flache Kerzen, die nicht umfallen können, vielleicht Teelichter oder Kerzen, die fest im Kerzenhalter stecken.

Interview mit dem Bischof Nikolaus von Myra

Interviewer: Herr Bischof, viele Jugendliche wenden sich von der Kirche ab. Sie werfen ihr vor, dass sie zu reich sei, die Gottesdienste zu steif und zu wenig anschaulich. Ihre Gottesdienste und Veranstaltungen, Herr Bischof, sind seltsamerweise immer gut besucht. Wie erklären Sie sich das?

Bischof: Es ist schwierig, das mit wenigen Worten zu erklären. Ich würde sagen, ich habe einfach junge Leute gern. Es freut mich, mit ihnen zu reden oder vielleicht in einem Konflikt helfen zu können. Es gibt entsetzliche Dinge in unserer Gesellschaft. Da ist zum Beispiel die Sache mit Sylvia. Ihre Eltern sind in große Schulden geraten – Sie kennen ja die augenblicklichen hohen Zinsen. Und nun soll Sylvia Geld „anschaffen", das heißt, sich und ihren Körper verkaufen.

Interviewer: Sie haben wegen dieses Falles sicher die Kirchenleitung eingeschaltet.

Bischof: In diesem Gremium müssen wir gegen Missstände im Gesellschaftssystem angehen, aber das hier war dringend, es ging um einen Menschen. Ich habe der Familie von Sylvia Geld zukommen lassen, sodass Sylvia nicht von zu Hause wegmuss. Ich habe es allerdings anonym getan – ich mochte nicht als Wohltäter erscheinen.

Interviewer: Wenn Sie so bescheiden sind und oft im Hintergrund bleiben, ist es erstaunlich, dass Sie so einen Zulauf bei Ihren Gottesdiensten haben.

Bischof: Nun ja, ich frage mich immer wieder, was könnte den Leuten Freude machen und ihnen helfen, die Botschaft von Gott nicht gleich wieder zu vergessen. Nach dem letzten Gottesdienst beispielsweise kamen wir alle in meiner Wohnung zum Essen zusammen. Wir hatten zwar alle Mühe, so viele hungrige Mäuler zu stopfen – Sie wissen ja, dass zur Zeit die Lebensmittel teuer sind –, aber wenn ich von der Speisung der 5000 im Gottesdienst predige, dann soll der Magen der Leute nicht leer ausgehen.

Interviewer: Haben Sie einen speziellen Fonds der Kirchenleitung für solche Essen?

Bischof: Nein. Aber ich habe von meinen Eltern ein kleines Vermögen geerbt. Ich sehe es nicht ein, dafür Kunstwerke anzuschaffen oder das Geld auf die hohe Kante zu legen. Ich finde, das Geld gehört nicht mir. So gebe ich einen Teil davon für diese Essen nach dem Gottesdienst aus. Und ich freue mich, wenn ich an die Menschen denke, die einmal wieder satt geworden sind.

Interviewer: Ungewöhnlich ist auch Ihr guter Draht zu den Kindern. In unserer Leistungsgesellschaft sind die Kinder sehr an den Rand gedrängt. Für viele Menschen bedeuten sie nur eine Belästigung. Ihnen sagt man nach, dass Sie auch von Kindern sehr geschätzt seien. Wie kommt das?

Bischof: Wenn ich durch unsere Hafenstadt gehe, bleibe ich oft bei den Spielplätzen stehen. Manchmal kann man mit einem kleinen Trost weinende Kinder wieder zum Lachen bringen, manchmal streitende

Kinder wieder zum gemeinsamen Spielen. Oft habe ich Nüsse oder Obst bei mir und schenke sie den Kindern. Ich staune, wie sie sich über diese Kleinigkeiten freuen. Das gibt mir wieder Schwung für meine Aufgaben als Bischof.

Interviewer: Herr Bischof, Sie sprachen vorhin von dem Vermögen Ihrer Eltern. Mit anderen Worten: Sie sind ein reicher Mann. Nun spricht man in unserer Gesellschaft sehr oft über die sozialen Spannungen, die zwischen Arm und Reich auftreten. Wie haben Sie für sich die Spannungen gelöst?

Bischof: Sie sprechen in der Tat einen wunden Punkt in unserer Gesellschaft an. Es gibt ja so viele gute Resolutionen zu diesem Thema. Ich selbst möchte mein Geld mit Armen teilen. Als Bischof bin ich verpflichtet, in diesem Residenzgebäude zu wohnen. Aber ich habe daraus ein offenes Haus gemacht. Vor allem der Garten steht Menschen zur Verfügung, damit sie ausruhen und sich Obst nehmen können. Dann besuche ich oft Leute im Armenviertel unserer Stadt. Es gibt da viel materielle Not, aber mir ist aufgefallen, dass sie vor allem menschliche Nähe und Zuwendung brauchen. Ich möchte ihnen davon geben, so viel ich kann, damit gerade diese Benachteiligten etwas von der Zuwendung Gottes zu uns Menschen erfahren.

Interviewer: Herr Bischof, manche sehen in Ihnen den Begründer einer bestimmten Art von Pädagogik. Viele Eltern drohen ihren Kindern oft mit dem Stock und verweisen dann auf Sie als Bischof Nikolaus.

Bischof: Ich kann mir nicht vorstellen, wie es dazu kam. Ich sehe mich nicht als Buchhalter über Kindersünden. Ich kann es mir nur so erklären, dass viele Eltern und Erzieher nicht selber den Mut haben, den Kindern etwas zu sagen. Dafür muss dann der Ruten schwingende Nikolaus herhalten. Es gibt leider bereits viele Generationen, die mit der Angst vor dem Nikolaus großgezogen wurden. Ich möchte aber betonen, und dieses Interview ist mir eine willkommene Gelegenheit dazu, dass ich mich in aller Deutlichkeit von einer solchen Angstpädagogik distanziere.

Interviewer: Das ist in der Tat eine unerwartete Feststellung von Ihnen. Ich möchte Sie jetzt noch etwas zu Ihrem Leben fragen. Wenn man Sie näher kennen lernen will, so gehören dazu auch der Ort Ihrer Geburt und Ihr Berufsweg.

Bischof: Ich bin in Patara in der Südostecke Kleinasiens geboren. Als junger Mensch bin ich von zu Hause weg in die Hafenstadt Myra gegangen. Myra liegt in Syrien. Da bin ich dann auch zum Bischof gewählt worden. Ich wollte zunächst das Amt nicht annehmen, doch die Verantwortlichen haben mich inständig darum gebeten. Also habe ich diese Aufgabe doch übernommen und wollte ein Bischof der Armen und ein Bischof der Kinder sein.

Interviewer: Können Sie uns Anregungen geben, wie wir mit Gaben umgehen und mit anderen Menschen teilen können?

Bischof: Ich meine, jeder muss seine eigene Fantasie bemühen. Wir haben von Gott viel geschenkt bekommen. Wenn man sich das immer wieder bewusst macht, kommen auch Ideen, wie man die Liebe Gottes anderen mitteilen kann. Das müssen nicht immer großartige Dinge sein, manchmal ist auch meine Zeit oder ein gutes Wort gefragt. Es kann aber auch einmal ein großer Schritt, ein großes Opfer, nötig sein, um den anderen die Liebe Gottes zeigen zu können.

Interviewer: Bischof, wir danken Ihnen für dieses Gespräch!

Nikolaus auf dem Knie

ab 8 Personen, ab 6 Jahren, ca. 5 Minuten
Charakter des Spiels: spannend, interessant, verrückt, witzig-lustig, kein Wettbewerb
Material: kleiner Schokoladen-Nikolaus

Alle Personen sitzen im Kreis. Du sagst den Teilnehmern, dass hier irgendwo im Raum ein Schokoladen-Nikolaus offen für jeden sichtbar ausliegt. Wer dieses sieht, soll sich still wieder auf seinen Stuhl setzen. Beim Suchen darf nicht geredet oder gelacht werden, auch Zeichensprache ist nicht erlaubt. Sag den Teilnehmern, dass der Nikolaus nicht versteckt liegt, er liegt also nicht unter einem Gegenstand, man muss nichts anfassen oder wegräumen, man muss sich nicht bücken, um den Nikolaus zu sehen. Wer ihn sieht, setzt sich, ohne irgendeinen Kommentar, ohne den anderen Hilfe oder Tipps zu geben.
Nachdem du das Spiel erklärt hast, setzt du dich auf einen Stuhl im Spielkreis, hattest vorher den Schokoladen-Nikolaus, der gesucht werden soll, für die anderen unbemerkt in der Hand und legst ihn jetzt, ohne dass es auffällt, auf eines deiner Knie, so dass ihn jeder sehen kann. So bleibst du die ganze Zeit auf deinem Platz sitzen und beobachtest die anderen beim Suchen. Immer mal wieder darauf hinweisen, dass keiner reden oder lachen darf. Wer zuletzt sitzt, bekommt den Nikolaus geschenkt. Das wissen die Teilnehmer aber vorher nicht!

Es weihnachtet sehr!!!

Montag, 6. Oktober:
Schönster Altweibersommer. Noch einmal Menschen in T-Shirts und Sandalen in den Straßencafés und den Biergärten. Bisher keine besonderen Vorkommnisse in der Innenstadt.

Dann plötzlich, um 10 Uhr 47, kommt der Befehl von ALDI-Geschäftsführer Erich B.:
Fünf Paletten Lebkuchen und Spekulatius in den Eingangsbereich! Von nun an überschlagen sich die Ereignisse. Zunächst reagiert SK-Geschäftsführer Martin O. eher halbherzig mit einem erweiterten Kerzensortiment und Marzipankartoffeln an der Kasse.

15 Uhr 07:
EDEKA-Marktleiter Wilhelm T. hat die Mittagspause genutzt und operiert mit Lametta und Tannengrün in der Wurstauslage.

16 Uhr 02:
Die Filialen von PENNY und IHR KAUF bekommen Kenntnis von der Offensive, können aber aufgrund von Lieferschwierigkeiten nicht gegenhalten und fordern ein Weihnachtsstillstandsabkommen bis zum 10. Oktober. Die Gespräche bleiben ohne Ergebnis.

Dienstag, 7. Oktober, 7 Uhr 30:
Im Eingangsbereich von KARSTADT bezieht überraschend ein Esel mit Rentierschlitten Stellung, während zwei Weihnachtsmänner vom

studentischen Nikolausdienst vorbeihastende Schulkinder zu ihren Weihnachtswünschen verhören. Zugleich erstrahlt die Kaufhausfassade in gleißendem Schein von 260 000 Elektrokerzen. Die geschockte Konkurrenz kann zunächst nur ohnmächtig zuschauen; immerhin haben jetzt auch SPAR, COOP und SK den Ernst der Lage erkannt.

Mittwoch, 8. Oktober, 9 Uhr:
EDEKA setzt Krippenfiguren ins Gemüse.

9 Uhr 13:
SK kontert mit massivem Einsatz von Rauschgoldengeln im Tiefkühlregal.

12 Uhr:
Neue Dienstanweisung bei COOP: An der Käsetheke wird mit sofortiger Wirkung ein „Frohes Fest" gewünscht. Der SPAR-Markt kündigt für den Nachmittag Vergeltungsmaßnahmen an.

Donnerstag, 9. September, 7 Uhr:
KARSTADT schaufelt Kunstschnee in die Schaufenster.

8 Uhr:
In einer eilig einberufenen Krisenversammlung fordert der aufgebrachte PENNY-Geschäftsführer Walter T. von seinen Mitarbeitern lautstark „Weihnachten bis zum Äußersten!" und verfügt den pausenlosen Einsatz der von der Konkurrenz gefürchteten CD „Weihnachten mit Mireille Matthieu" über Deckenlautsprecher. Der Nachmittag bleibt ansonsten ruhig.

Freitag, 10. Oktober, 8 Uhr:
Anwohner in der Ladenstraße versuchen mit einer einstweiligen Verfügung, die nun auch vom SPAR-Markt angedrohte Musik-Offensive „Heiligabend mit den Flippers" zu stoppen.

9 Uhr 14:
Ein ALDI-Sattelschlepper mit Pfeffernüssen rammt den Posaunenchor Adveniat, der gerade vor KARSTADT zum großen Weihnachtsoratorium ansetzen wollte.

9 Uhr 30:
ALDI dementiert. Es habe sich bei der Ladung nicht um Pfeffernüsse, sondern um Christbaumkugeln gehandelt.

Sonnabend, 11. Oktober:
Die Fronten verhärten sich; die Strategien werden zunehmend aggressiver.

10 Uhr 37:
Auf dem Polizeirevier meldet sich die Diabetikerin Anna K. und gibt zu Protokoll, sie sei soeben auf dem COOP-Parkplatz zum Verzehr von Christstollen und Glühwein gezwungen worden. Die Beamten sind ratlos.

12 Uhr:
Seit gut einer Stunde beschießen KARSTADT, EDEKA und COOP die Fußgängerzone mit Schneekanonen. Das Ordnungsamt mahnt die Räum- und Streupflicht an. Umsonst.

14 Uhr 30:
Weite Teile der Innenstadt sind unpassierbar. Eine Hubschauberstaffel des Bundesgrenzschutzes beginnt mit der Bergung von Eingeschlossenen. Menschen wie du und ich, die nur mal in der schönen Herbstsonne bummeln wollen.

Nikolausparty

ab 8 Personen
ab 6 Jahren
ca. 30-90 Minuten
Charakter: spannend, interessant, witzig, kniffelig, kein bis starker Wettbewerb
Material: diverse je nach Aktionen (siehe auch „Arnos Spielebuch")

Hier ein paar Spiele aus meinem Buch, aus dem du die Nikolausparty selbst zusammenstellen kannst. Je nach Anzahl und Alter der Teilnehmer kannst du natürlich auch die Spielregeln entsprechend verändern. Wichtig ist nur, dass du das Thema des jeweiligen Spiels irgendwie auf Nikolaus umänderst oder „hinbiegst". Hier die Daten für potenzielle Nikolausspiele aus „Arnos Spielebuch – 365 x Spiel, Spaß & Action«:

4.1., 10.1. (weihnachtliche Begriffe suchen wie Advent, Stern, Sack, Weihnachtsmann, Schafe etc.), 22.1. (Würfeln: 1 = Nikolaus wacht auf; 2 = waschen, Zähne putzen; 3 = Stiefel, Jacke und Mütze anziehen; 4 = Frühstück; 5 = Rentier anschnallen; 6 = Geschenke aufladen, danach losfahren) (Wer hat zuerst das 50 Kilometer entfernte Ziel erreicht?), 31.1. (Kerze: Zündkerze, Wunderkerze, Adventskerze, Kerze beim Turnen – Lampe: Taschenlampe, Meister Lampe (Hase) – Grippe,

Krippe (Stall, Krankheit), 8.2., 17.2. (weihnachtliche Begriffe raten), 9.4. (Sterne reißen), 10.4. (z. B. „Krippe“: K = kalt; r = Ruhe usw.; „Stern“, „Geschenk“, „Engel“), 8.10. (Das ist ein Nikolaus – Das ist ein Weihnachtsmann), 29.5., 21.10. (Weihnachten, Nikolaus, Geschenke usw.), 24.10. (im Sack müssen diverse Gegenstände gefühlt werden), 9.11. (mit Adventslied), 1.12., 2.12., 3.12., 4.12., 5.12., 7.12., 8.12., 9.12., 10.12., 12.12., 13.12., 14.12., 15.12., 16.12., 17.12., 18.12., 19.12., 20.12., 21.12., 22.12., 23.12., 24.12., 26.12., 27.12., 31.12. (Weihnachtslieder pfeifen)

Weitere Spielelemente:

- Der Nikolaus hat einen roten Mantel an, welche Dinge fallen dir ein, die ebenfalls rot sind? (Blut, Ampel, Blume, Filzstift usw.)
- Streichholzschachtel von Nase zu Nase weitergeben (in Gruppen)
- Wer kennt die meisten Weihnachtslieder?
- Mit Zeitschriften Weihnachtsgeschichte gestalten (Fotos, Überschriften etc.)
- Immer zwei Spieler stehen sich gegenüber, jeder hat auf seinem Rücken einen Zettel mit einem Leuchtsymbol. Keiner weiß, welcher Begriff auf seinem Rücken klebt. Wer hat sein Symbol zuerst erraten, nur durch Fragen, die mit „ja“ oder „nein“ beantwortet werden dürfen? (Kerze, Nachttischlampe, Fackel, Streichholz, Feuerzeug, Petroleumlampe, Funzel, Rücklicht vom Fahrrad, Autoscheinwerfer, Leuchter, Leuchtturm, Suchscheinwerfer der Feuerwehr, Zahnarztlampe, Laserstift usw.)
- Eine gefälschte Weihnachtsgeschichte wird vorgelesen. Wer findet die meisten Fehler?
- 10 Kerzen müssen gelöscht werden durch: Strohhalmpusten–Wedeln–Wasserpistole–Mund–Luft aus einem Luftballon. Jeder tritt gegen jeden an in jeder Disziplin. Wer schafft es in der jeweiligen Art am schnellsten?

- Jeweils 2 Personen müssen Plätzchen („Staubkekse") essen und anschließend sofort ein Adventslied singen/pfeifen (oder Luftballon aufpusten, bis er platzt). Wer schafft es zuerst?
- Ein als Nikolaus Verkleideter geht um einen Tisch und hält eine Hand immer am Tisch. Ein anderer mit verbundenen Augen versucht den Nikolaus anzuschlagen.
- Wer singt am besten Weihnachtslieder vor?
- Mandarinen-Wettschälen und -essen
- Mandarinen schälen. Wer hat die längste Schale?

WEIHNACHTEN BEDEUTET:
LICHT
GESCHENKE...
GUT ESSEN & TRINKEN...
GEMÜTLICHE STUNDEN
HAST DU NICHT ...
... NOCH WAS VERGESSEN ?!
JÖRG 2001

Raus auf die Straßen und Märkte

Alle stehen doch auf der Straße, mindestens zur Advents- und Weihnachtszeit. Der Maronenverkäufer mit seinem heißen Geschäft, der Lions-Club mit seinem Glühwein, der heruntergekommene Zirkusmitarbeiter bettelt mit seinem abgemagerten Lama um die letzten Geldspenden für die Verpflegung der Tiere. Der als Weihnachtsmann verkleidete Student steht auf der Straße und versucht mehr oder weniger recht und schlecht den Kindern was von Gut und Böse zu erzählen. Die Kurden bitten um Unterschriften.

Alle stehen auf der Straße – nur die Christen nicht. Es gibt ein altes Anti-Kriegs-Lied, das könnte abgewandelt so heißen: „Sag mir, wo die Christen sind?" Natürlich, ein paar Vorzeige-Christen, Quoten-Christen haben wir auch, die sich die Hacken ablaufen, sich die Füße und die Finger abfrieren und sich nicht am Glühwein festhalten, sondern an ihrer Gitarre und ihren Heilsliedern. Die Heilsarmee scheinen die einzigen Christen zu sein, die sich auf die Straße trauen und Menschen von der frohmachenden Botschaft Gottes singen und erzählen. Aber die anderen, wo sind die anderen Christen?

Dabei ist der Anlass für missionarische Aktionen ideal. Setzen Sie sich doch mal in ihrer Gemeinde mit ein paar motivierten und innovativen Mitarbeitern zusammen, entwickeln Sie gemeinsam Ideen, wie man originell Menschen ansprechen kann.

Lieber, guter Nikolaus …

Wie wäre es z. B., wenn Sie als Nikolaus verkleidet mal nicht den Kindern, sondern den Erwachsenen etwas schenken würden? Eine schön gestaltete Spruchkarte zu Weihnachten mit einer Praline oder ein selbst entworfenes Traktat mit Ihrer Geschichte als Christ. Überschrift: „Wie aus dem Christkind mein Lebensfundament wurde“. Machen Sie sich bewusst, dass man Sie als Nikolaus verkleidet nicht erkennt, das wäre also auch was für die ganz Scheuen und Ängstlichen unter den Christen. Und überhaupt, als Weihnachtsmann verkleidet genießen Sie fast so etwas wie Narrenfreiheit, da könnten Sie doch auch mal in ein Kaufhaus gehen und den Angestellten etwas Nettes überreichen oder den Aufsichtspersonen im Parkhaus, oder gehen Sie doch mal im Rathaus von Tür zu Tür …

Kerze auspusten

ab 2 Personen
ab 6 Jahren
ca. 5-10 Minuten
Charakter: spannend-kniffelig, kein Wettbewerb
Material: 10 Kerzen – Unterlage

Du stellst 10 Kerzen auf ein Tablett. In die Mitte der 10 Kerzen stellst du eine Kerze, die dicker, höher oder kleiner ist als die anderen. Aufgabe ist es, genau diese von einem bestimmten Abstand aus auszupusten. Je näher du die Kerzen zusammenstellst, desto schwieriger ist die Aufgabe. Je weiter die Kerzen auseinander stehen, desto leichter (logisch, oder?). Du kannst ja auch mal mit einem dicken Strohhalm versuchen, die Kerze auszupusten ...

Es begab sich …

aber zu der Zeit,
dass die Bibel ein Bestseller war,
übersetzt in 197 Sprachen,
und das Neue Testament
noch sechzigmal mehr,
dass alle Welt sich fürchtete:
vor selbst gemachten Katastrophen,
Inflationen, Kriegen, Ideologien,
vor Regenwolken, radioaktiv,
und Raumschiff-Flottillen,
die spurlos verglühen.

Als die Menschenmenge
auf dem Weg war,
ungeheuer sich vermehrend,
hinter sich die Vernichtungslager der
Vergangenheit,
vor sich
die Feueröfen des Fortschritts,
und alle Welt täglich geschätzt,
und gewogen wurde,
ob das atomare Gleichgewicht
stimmt,
hört man sagen:
Lasst uns nach Bethlehem gehen.
Arnim Juhre

Weihnachts- und Adventslieder-Quiz

Familienbereich
ab 2 Personen
ab 10 Jahren
ca. 5-10 Minuten
Charakter: kniffelig, Wettbewerb
Material: –

Bei diesem Quiz sehen auch die Alten alt aus, denn meistens kennen sie nur den Anfang vieler Advents- und Weihnachtslieder. Du kannst ja mal den Test machen und mit deinen Eltern das Quiz spielen.

Wie heißt das Lied, aus dem die folgende Zeile stammt? Immer nur einen Absatz aus einem Lied nennen, dann einen Textteil aus einem anderen Lied usw.

1. (Oh, du fröhliche) – gnadenbringende Weihnachtszeit – uns zu versühnen – freue, freue dich, o Christenheit – himmlische Heere

2. (Stille Nacht) – Alles schläft – holder Knabe – schlaf in himmlischer Ruh – tönt es laut von fern und nah – o wie lacht – durch der Engel Hallelujah

3. (Süßer die Glocken) – als zu der Weihnachtszeit – klingt doch die Erde entlang – segnet den Vater, die Mutter, das Kind – alle aufjauchzen mit einem Gesang

4. (Vom Himmel hoch) – ich bring euch gute neue Mär – das soll eure Freud und Wonne sein – davon ich singen und sagen will

5. (Es ist ein Ros) – und hat ein Blümlein bracht – mitten im kalten Winter – die reine Magd – wahr Mensch und wahrer Gott

6. (Ihr Kinderlein) – und seht, was in dieser hochheiligen Nacht – auf Heu und auf Stroh – redlich Hirten – für Freude uns macht

7. (Leise rieselt der Schnee) – still und starr – still schweigt Kummer – Sorge des Lebens – Chor der Engel erwacht – wie lieblich es schallt

8. (Macht hoch die Tür) – es kommt der Herr der – ein Heiland aller Welt zugleich – der Heil und Leben – derhalben jauchzt – reich von Rat – sein Zepter

Lieder-Chaos

Schreib ein Weihnachtslied auf einen Zettel, lass alle Selbstlaute weg und lass von einem Wort zum anderen keinen Abstand, das könnte dann so aussehen:
„Ihr Kinderlein kommet"
„hekndrlnkmmt"
Die anderen Mitspieler bekommen natürlich nur die zweite Zeile zu sehen und sollen herausbekommen, wie das Lied heißt. Jetzt schreibst

du noch ein paar andere Lieder auf, wie z. B. „Mchthchdtr", oder „sstfrnsnztngkmmn", usw.

Nenne ein Lied, in dem eines der unteren Wörter vorkommt:

Blätter – Sommerzeit – Kleid	(Oh Tannenbaum)
Wurzel – Finsternis	(Es ist ein Ros entsprungen)
Männer – Stall – Wohlgefallen	(Kommt, ihr Hirten)
Bord	(Es kommt ein Schiff geladen)
Großpapa	(Morgen kommt der Weihnachtsmann)
Teller – Herzen – Niklausabend	(Lasst uns froh und munter sein)
Mitternacht – fürbass – gehupft	(Was soll das bedeuten)
schwingen – Engelein – Frieden	(Süßer die Glocken nie klingen)

Weihnachten zu Hause

Ihr Kinderlein kommet, o kommet doch all,
zur Krippe her kommet in Bethlehems Stall / Pst!/
Und seht, was in dieser hochheiligen Nacht / Ruhe!
Könnt ihr nicht mitsingen /
Der Vater im Himmel /Na wird's bald / für Freude uns macht.

O seht in der Krippe / leg die Puppe jetzt endlich weg / im
nächtlichen Stall / Hände auf den Tisch /
seht hier / Kopf hoch / bei des Lichtleins hellglänzendem /
zieh nicht son Gesicht / Strahl /
In reinlichen Windeln / du wäschst dir aber gleich mal die Hände /
das himmlische Kind / Schmutzfink /
viel schöner / abscheulich / und holder / und die Fingernägel /
als Englein / pfui Teufel / es sind.

Da liegt es / lümmel dich nicht so rum / ihr Kinder auf Heu /
das gute Sofa / und auf Stroh / war teuer genug /
Maria / ich muss das schließlich wieder sauber machen / und Josef /
du könntest deinen Kindern auch mal was sagen / betrachten es
froh / immer hab ich den Ärger /
Die redlichen / ich geb mir doch bei Gott genug Mühe / Hirten /
racker mich ab / knien betend / auf den Knien / davor / für euch /
hoch oben / aber ihr / schwebt jubelnd / rotzfrech / der Engelein /
Flegel / Chor.

Agnes Hüfner

Oh, du fröhliche …!

Wunschzettel

Eine Oma schreibt an den lieben Gott einen Brief: „Schenk mir doch bitte zu Weihnachten 100,– Euro!", und steckt ihn in den Briefkasten. Der Brief landet irgendwann beim Finanzamt, die Beamten haben Mitleid mit der Oma und sammeln in ihren Abteilungen. Sie bekommen 70,– Euro zusammen und schicken der Oma das Geld mit einem kleinen Brief: „Mit lieben Grüßen vom Finanzamt". Die Oma schreibt einen zweiten Brief an Gott: „Lieber Gott, wenn du noch mal 100,– Euro schickst, dann bitte nicht übers Finanzamt, die haben doch gleich 30,– Euro Steuern einbehalten."

Frankfurter Weihnachtsgebäck

Frage: Was heißt Spekulatius?

Antwort: Börsenkeks.

Weihnachts- und Advents-Quiz

Familienbereich
ab 2 Personen
ab 10 Jahren
ca. 5-15 Minuten
Charakter: kniffelig-spannend, kein Wettbewerb
Material: –

WAS PASST HIER NICHT REIN?

a) Krippe – Esel – Weihnachtsbaum – Stern – Hirten – Stall („Weihnachtsbaum“ kommt nicht in der Bibel vor)
b) Weihnachtsessen – Weihnachtsbaum – Nikolaus – Weihnachtsgans – Weihnachtsmann („Nikolaus“ fängt nicht mit „W“ an)
c) Oh du fröhliche – Oh Tannenbaum – Leise rieselt der Schnee – Das Wandern („Das Wandern“ ist kein Weihnachtslied)
d) 1. – 2. – 5. – 4. – 3. (5. Advent gibt es nicht)
e) Maria – Mose – Josef – Zacharias – Kyrenius (Mose kommt nicht in der Weihnachtsgeschichte vor)
f) Weihrauch – Silber – Gold – Myrrhe (Silber wird bei der Weihnachtsgeschichte nicht als Geschenk aufgeführt)
g) Karpfen – Ente – Gans – Schwein („Schwein“ ist kein typisches Weihnachtsfestessen)
h) Lametta – Kugeln – Sterne – Marienkäfer – Engel (Marienkäfer werden normalerweise nicht als Schmuck in den Weihnachtsbaum gehängt)

i) Astronomie – Astrologie – VW – Mercedes (VW hat nichts mit einem Stern zu tun)

QUIZ

1. An welchem Datum ist der 2. Weihnachtstag? (26.12.)
2. Ist der 1., 2., 3., 4. Advent immer an einem Sonntag? (ja)
3. Werden Esel und Rind in der biblischen Weihnachtsgeschichte genannt? (nein)
4. Was war am 6.12.195o in Jerichow? (Nikolaustag – den Ort Jerichow gibt es in Deutschland übrigens mit der Postleitzahl 39319)
5. Hat der Weihnachtskalender 24 oder 31 Türchen? (24)
6. Wo ist Jesus geboren? (Bethlehem)
7. Wie hießen die Eltern von Jesus? (Maria & Josef)
8. Wohnten Maria und Josef in Bethlehem? (nein, sie wohnten in Nazareth in Galiläa)
9. Heißt Advent Erwartung oder Ankunft? (Ankunft)
10. Nenne ein Lied, in dem das Wort „Esel", „Stern", „Hirten" vorkommt.
11 Welche „Krankheit" kommt in der Weihnachtsgeschichte vor? (Grippe)
12. Beinhaltet das Weihnachtslied „Oh Tannenbaum" einen biologischen Fehler? Es heißt ja „Oh Tannenbaum, wie grün sind deine Blätter" – müsste es nicht eigentlich heißen „wie grün sind deine „Nadeln"? (nein, es ist kein Fehler, die Nadeln sind winzig eingedrehte Blätter)
13. Wird im Markus Evangelium die Weihnachtsgeschichte erzählt? (nein)
14. Wird im Lukas Evangelium von einem Stern und von den Weisen erzählt? (nein/Lukas 2,6–16)
15. Ist in der Weihnachtsgeschichte im Matthäus–Evangelium von Hirten die Rede? (nein/Matthäus 2,1-12)

16. Woher kamen Maria und Josef? (aus Nazareth bei Galiläa)
17. Wo wollten sie hin? (nach Bethlehem)
18. Was wollten sie da? (sich in Steuerlisten eintragen lassen/Volkszählung)
19. Wie viele Könige kamen zur Krippe? (ist nicht bekannt, nur Weise, Magier, Sterndeuter werden genannt)
20. Was brachten die Weisen mit zur Krippe? (Gold, Weihrauch, Myrrhe)
21. Warum bekamen Maria und Josef keine Unterkunft? (durch die Volkszählung war die Stadt bereits völlig ausgebucht)
22. Wie hieß der Mann von Marias Verwandter Elisabeth? (Zacharias)
23. Wie hieß der Engel, der die Geburt von Johannes ankündigte? (Gabriel)
24. Wie hießen die drei Weisen? (Kaspar, Melchior, Balthasar)

BUCHSTABENSALAT

Auf vorbereiteten Zetteln schreibst du die in einer falschen Reihenfolge geschriebenen Wörter. Wie heißen die Wörter richtig?

Bachmutshienaw (Weihnachtsbaum)
Kandavertzs (Adventskranz)
Schreubeug (Bescherung)
Saulinok (Nikolaus)
Spreilnpeikp (Krippenspiel)
Melthebeh (Bethlehem)
Aarim (Maria)
Preipk (Krippe)
Nächtlepz (Plätzchen)
Zerek (Kerze)
Seekgenchen (Geschenke)

Eine Fabel

Die Tiere diskutierten einmal über Weihnachten. Sie stritten, was wohl die Hauptsache an Weihnachten sei.

„Na klar, Gänsebraten", sagte der Fuchs, „was wäre Weihnachten ohne Gänsebraten!"

„Schnee", sagte der Eisbär, „viel Schnee!" Und er schwärmte verzückt: „Weiße Weihnachten!"

Das Reh sagte: „Ich brauche aber einen Tannenbaum, sonst kann ich nicht Weihnachten feiern."

„Aber nicht so viele Kerzen", heulte die Eule, „schön schummrig und gemütlich muss es sein, Stimmung ist die Hauptsache."

„Aber mein neues Kleid muss man sehen", sagte der Pfau, „wenn ich kein neues Kleid kriege, ist für mich kein Weihnachten."

„Und Schmuck!", krächzte die Elster, „jedes Weihnachtsfest kriege ich was: einen Ring, ein Armband, eine Brosche oder eine Kette, das ist für mich das Allerschönste an Weihnachten."

„Na, aber bitte den Stollen nicht vergessen", brummte der Bär, „das ist doch die Hauptsache. Wenn es den nicht gibt und all die süßen Sachen, verzichte ich auf Weihnachten."

„Mach's wie ich", sagte der Dachs, „pennen, pennen, das ist das Wahre. Weihnachten heißt für mich: mal richtig pennen!"

„Und saufen", ergänzte tierisch der Ochse, „mal richtig einen saufen und dann pennen –", aber dann schrie er „Aua", denn der Esel hatte ihm einen gewaltigen Tritt versetzt: „Du Ochse, denkst du denn nicht an das Kind?"

Da senkte der Ochse beschämt den Kopf und sagte: „Das Kind, ja, das Kind, das ist doch die Hauptsache." – „Übrigens", fragte er dann den Esel: „Wissen das die Menschen eigentlich?"

Ingeborg Fülderbrandt

Ein Streichholz, aber wie viele Kerzen?

ab 2 Personen
ab 8 Jahren
ca. 5 Minuten
Charakter: spannend, kniffelig, kein Wettbewerb
Material: ca. 20 Teelichter – 3-4 Schachteln Streichhölzer

20 Teelichter werden angesteckt, nach 30 Sekunden alle wieder auspusten. Diese Vorbereitung ist wichtig, denn neue Teelichter sind am Anfang etwas schwierig anzustecken, später sind sie dann ganz schnell an. Der erste Spieler hat die Aufgabe, mit einem Streichholz so viele Teelichter anzustecken wie möglich.

Manche Spieler achten beim Anstecken nicht darauf, wie kurz das brennende Streichholz noch ist. Einige bekommen dann einen Schrecken und lassen das Streichholz schnell fallen. Achte darauf, dass das Streichholz nicht auf den Teppich fällt. Lieber einen Raum nehmen, in dem sich kein Teppichfußboden befindet, oder ein großes Tablett nehmen, auf dem man das Streichholz fallen lassen kann.

...UND ICH SAGE IHNEN: ER WIRD DIE MENSCHEN LEHREN, GEGEN UNRECHT UND HUNGER ANZUGEHEN, SEIN REICH DER LIEBE UND DES FRIEDENS ZU BAUEN UND...
NEIN, MEIN HERR! ER WIRD DIE MENSCHEN VON IHRER SÜNDE ERLÖSEN UND IHRE SEELEN AUS DIESER WELT ERRETTEN...
IDEE: ARNO MAURER
JÖRG 2001

Die vier Kerzen

Vier Kerzen brannten am Adventskranz. So still, dass man hörte, wie die Kerzen zu reden begannen.

Die erste Kerze seufzte und sagte: „Ich heiße Frieden. Mein Licht leuchtet, aber die Menschen halten keinen Frieden." Ihr Licht wurde immer kleiner und verlosch schließlich ganz.

Die zweite Kerze flackerte und sagte: „Ich heiße Glauben. Aber ich bin überflüssig. Die Menschen wollen von Gott nichts wissen. Es hat keinen Sinn mehr, dass ich brenne." Ein Luftzug wehte durch den Raum und die zweite Kerze war aus. Leise und traurig meldete sich nun die dritte Kerze zu Wort. „Ich heiße Liebe. Ich habe keine Kraft mehr zu brennen. Die Menschen stellen mich an die Seite. Sie sehen nur sich selbst und nicht die anderen, die sie lieb haben sollten." Und mit einem letzten Aufflackern war auch dieses Licht ausgelöscht. Da kam ein Kind in das Zimmer. Es schaute die Kerzen an und sagte:

„Aber, aber, ihr sollt doch brennen und nicht aus sein!"

Und fast fing es an zu weinen. Da meldete sich auch die vierte Kerze zu Wort. Sie sagte:

„Hab keine Angst! Solange ich brenne, können wir auch die anderen Kerzen wieder anzünden. Ich heiße Hoffnung."

Mit einem Streichholz nahm das Kind Licht von dieser Kerze und zündete die anderen Lichter wieder an.

Und sie hatten keine Plätzchen in der Herberge

ab 8 Personen
ab 8 Jahren
ca. 5-10 Minuten
Charakter: witzig-spannend, starker Wettbewerb
Material: für jeden Mitspieler ein „trockenes" Plätzchen

Und sie hatten keine Plätzchen in der Herberge. Das war damals. Heute haben wir so viele Plätzchen und Süßigkeiten, dass sie uns manchmal aus dem Halse raushängen. Manche pfeifen auch auf Plätzchen und essen nur Salziges. Wir wollen heute pfeifen und Plätzchen essen, und das geht folgendermaßen:

Zwei gleich starke Gruppen sitzen sich gegenüber. Jeder Mitspieler bekommt ein trockenes (!!) Plätzchen in die Hand. Die ersten beiden jeder Gruppe essen ihr Plätzchen auf (kauen, nicht das Plätzchen in einem runterschlucken) und versuchen anschließend zu pfeifen. Der erste, der einen Pfeifton rausbekommen hat – das ist gar nicht so leicht bei den trockenen Plätzchen –, dessen Gruppe kann den zweiten Spieler „ins Rennen schicken". Dieser steckt sich sein Plätzchen in den Rachen, kaut, schluckt und pfeift und schickt den dritten Spieler ins Rennen usw. Welche Gruppe ist als erste fertig?

Ein Stall muss reichen

Als die Menschheit vor ihrem Ende stand,
niemand den Weg mehr im Dunkeln fand,
da hat Gott selbst sich aufgemacht,
um sie zu befreien aus finsterster Nacht.
Doch die Menschen hatten keinen Platz
für Gottes wunderbaren Schatz.
Sie ließen sich durch nichts erweichen,
ein Stall musst' zur Geburt Ihm reichen.
Geduldig und ganz ohne klagen
hat Gottes Liebe das ertragen,
denn sie ist unendlich und groß
und absolut bedingungslos,
nimmt Leid und Schmerzen mit in Kauf,
hört selbst im Tode noch nicht auf.
So siegt die Liebe in Geduld
über aller Menschen Schuld;
und klopft sie heute bei uns an,
wird ihr die Tür dann aufgetan?
Lassen wir Gott bei uns ein,
ihn, der kam, uns zu befrei'n?
Oder ist in diesem Fall
auch nur Platz in unserm Stall?

Die verrückte Weihnachtsgeschichte

Familienbereich
ab 2 Personen
ab 10 Jahren
ca. 5-10 Minuten
Charakter: etwas verrückt und kompliziert, witzig-lustig, interessant, kein Wettbewerb
Material: Bleistift – irgendeine Weihnachtsgeschichte aus einem Buch/Heft

Du suchst dir irgendeine lustige Weihnachtsgeschichte aus einem Heft oder Buch aus, nimmst einen Bleistift und machst aus allen a ein ä, aus allen o ein ö und aus allen u ein ü. Dann liest du die Geschichte deinen Eltern vor oder auf einer Weihnachtsfeier oder – später radierst du die Pünktchen wieder aus.
Hier ein kleiner Vorgeschmack einer Weihnachtsgeschichte.
„Dräußen wär es sehr kält. Der See wär zügefrören, die Vögel pickten die letzten Sämenkörner im Vögelhäuschen und die Kinder töllten mit ihrem Schlitten den Äbhäng herünter ..."

In Nazareth war nie viel los …

Die Weihnachtsgeschichte in Reimen

In Nazareth war nie viel los,
doch heute ist der Trubel groß.
Man reckt die Hälse, steht auf Zehen,
nur um den Mann aus Rom zu sehen.
Der unterdessen blickt gelassen
rings um sich auf die Menschenmassen
und ruft dann laut: „Seid doch mal leiser!
Ich habe ein Gebot vom Kaiser!
Ihr seht, ich habe hier Papiere –
und jetzt hört zu, denn ich zitiere:
„Als Kaiser bin ich interessiert
an dem, was überall passiert.
Ob einer gut, ob schlecht sich führt –
in Rom wird alles registriert.
Das Römerreich – die ganze Welt –
mein starker Arm zusammenhält.
Nur eines lief bei uns hier schief,
und deshalb schreib ich diesen Brief:
Unsre Statistik hat ein Loch –
genaue Zahlen fehlen noch.

Kurzum, es interessiert mich eben,
wie viel in meinem Reiche leben.
So müssen wir euch zählen –
leider, wegen der Steuern und so weiter.
Gezählt wird jeder, Mann und Frau,
auch kleine Kinder – ganz genau.
Damit uns keiner geht verloren,
geht dorthin, wo ihr seid geboren.
Ich hoffe, dass ihr gut pariert.
Wer nicht gehorcht, wird abgeführt."
Auch Joseph hörte das Gebot.
Vor Zorn war sein Gesicht ganz rot.
Er knurrt erbost: „Des Kaisers Plan
kommt nur von seinem Größenwahn!
Mir ist das alles gar nicht lieb!
Was wird denn hier aus dem Betrieb?
Ich mache nur noch Überstunden
und komme kaum über die Runden.
Zum Reisen hab ich keine Zeit,
doch du tust mir am meisten Leid.
Das wird an deinen Kräften zehren
und bald wirst du das Kind gebären.
Maria, sag, wo ist da Gott?
Er schläft vielleicht, sieht nicht die Not."
Und Joseph schwieg. Maria saß,
den Kopf gesenkt, die Augen nass.
„Das alles macht mich ganz benommen.
Ich spüre es, das Kind wird kommen,
in ein paar Tagen, vielleicht morgen.
Ach Joseph, auch ich mach mir Sorgen.
Doch weiß ich, Gott, der Herr, schläft nicht.
Und auch im Dunkeln ist sein Licht.

Ihn kann und mag ich nicht anklagen.
Ich will ihm alle Sorgen sagen.
Denn nicht Augustus ist es, der
die Welt regiert, sondern der Herr.
Er gab dem Kind in mir das Leben.
Wie sollt er uns nicht Hilfe geben?"
Maria hat noch vor der Nacht
das Nötigste zurechtgemacht.
Vor allem denkt sie an das Kind,
an warme Decken gegen Wind,
an Windeln und an etwas Creme
an Josephs Jacke, die bequeme,
natürlich auch an Proviant,
für'n Notfall auch etwas Verband.
Nun fallen ihr die Augen zu,
sie legt sich hin und schläft im Nu.
Die Morgensonne sah die beiden,
wie sie bereits den Weg beschreiten,
der an der Kreuzung links abbog
und sich ins Tal nach Süden zog.
Besonders für Maria war
der Weg sehr schwer, und unsagbar
war oft der Schmerz in ihren Beinen.
Maria musste manchmal weinen.
In einem solchen Augenblick
hat Joseph sie mit viel Geschick
und mit Geduld getröstet dann.
Das hat Maria gut getan.
Der Weg schien ihnen ohne Ende,
er zog sich mühsam durchs Gelände.
Obwohl sie sich schon sehr beeilten
und nirgends lange Zeit verweilten,

mussten sie fünfmal übernachten.
Nach Tagen dann, wie sie so gehen,
da bleibt Joseph auf einmal stehen.
„Maria, sieh, die Häuser dort
im Tal, das ist mein Heimatort.
Mein Gott, ich kann's noch gar nicht fassen,
als Kind hab ich das Dorf verlassen
und es seitdem nicht mehr gesehen.
Inzwischen ist hier viel geschehen.
Doch manches ist mir noch bekannt –
das Feld, die Scheune dort am Rand...
Wie bin ich froh, wir sind nun da,
wir sind am Ziel – Halleluja!"
In Bethlehem war ein Gedränge,
die Straßen waren viel zu enge.
Das Dörfchen platzte aus den Nähten.
Vor allem aber in den Läden
war dieser Tage Hochbetrieb,
sodass kaum etwas übrig blieb.
Maria wurde das Gewühl
hier mit einem Mal zu viel.
„Joseph, ich glaub, in ein paar Stunden,
da hab ich sicherlich entbunden."
Er dachte erst, das wär ein Scherz,
doch sah er dann, wie sie vor Schmerz
ganz kläglich auf dem Esel saß,
und ihr Gesicht war richtig blass.
„Wir brauchen schnell ein Nachtquartier.
Maria, bitte, warte hier.
Es dauert nur 'nen Augenblick.
Ich komme sicher gleich zurück."
Doch wo er klopft, ist es vergeblich.

Auch wurde es schon langsam neblig.
Er hatte auch nach knapp zwei Stunden
noch immer kein Quartier gefunden.
Vor Sorge war sein Herz ganz schwer,
er ängstigt sich nun immer mehr.
„Die Nacht wird kalt, wir werden frieren,
wenn wir im Freien hier kampieren.
Das ist unmöglich! – Und das Kind!
Ach, dass sich doch ein Zimmer find'!"
Er geht noch etwas geradeaus,
da steht am Rand ein kleines Haus.
Er weiß, dort wohnt ein alter Hirt,
der sich an ihn erinnern wird.
Er klopft – und er erzählt die Not
dem alten Hirt. Erbarm sich Gott!
„Ihr zwei, ihr tut mir wirklich Leid!
Doch kommst du so hereingeschneit.
In meinem Hause hab ich hier
beim besten Willen kein Quartier.
Ich hab's! Joseph, da vor dem Ort,
du weißt doch, bei dem Felsen dort,
da hab ich einen Stall – ganz klein –,
ihr werdet dort alleine sein.
Auch warm ist's dort bei meinen Tieren,
so müsst ihr diese Nacht nicht frieren."
Maria wartete verlassen
und einsam in den Menschenmassen,
als Joseph endlich wiederkam,
da blickte sie ihn fragend an.
„Ich bin durchs ganze Dorf gekommen,
doch niemand hat uns aufgenommen.
Doch etwas draußen, gar nicht weit,

da steht für uns ein Stall bereit.
Da können wir bei Ochs und Schafen
in dieser Nacht ausruhen und schlafen."
Da lagen sie auf Stroh, ganz arm, doch
war es wenigstens hier warm.
Es leuchtete in weiter Fern
ein wundervoller klarer Stern.
Sein heller Schein durchs Fenster fällt,
da kam das Jesuskind zur Welt.
Und Joseph legt es zart und sacht
Maria in den Arm. Sie lacht
vor Freude und ihr Blick
strahlt voller Liebe und vor Glück.
Und in des Stilles Einsamkeit
geschieht, was Gott vor Ewigkeit
in seinem Herzen einst beschloss,
nun liegt es in Marias Schoß:
das Kind, das in der tiefsten Nacht
das Licht in unsre Welt gebracht.
Am Balken hängt Josephs Laterne
und leise klingt aus weiter Ferne
und immer näher an das Ohr
der Engel Lied in frohem Chor:
„Lob, Ehr sei Gott im höchsten Thron
und Jesus Christus, seinem Sohn,
und Fried den Menschen auf der Welt,
die leben, wie es Gott gefällt.
Denn Gott, der Herr, hat heut getan,
was die Propheten sagten an."
Maria lag und lauschte stille:
„Da war es also Gottes Wille,
dass wir hierher so lange gingen.

Ja, Joseph, was die Engel singen,
das zeigt, dass Gott die Welt regiert.
Er hat uns wunderbar geführt.
Und auch der Kaiser, der sich denkt,
es sei der Herr, der alles lenkt,
er musste alles inszenieren,
um uns nach Bethlehem zu führen."
All Müh und Plag war nun vergessen,
auch Joseph hat still dagesessen
und, da er alles jetzt begriffen,
zum Lied der Engel mitgepfiffen.
So klang dies Lied im engen Stall,
doch heute hört man's überall.
Es klingt in Dorf und Stadt und Land
und macht der ganzen Welt bekannt,
dass Gott uns liebt und unsre Nacht
in Jesus Christus hell gemacht.

Johannes Berthold

Flop-Top-Geschenke

ab 8 Personen
ab 8 Jahren
ca. 15-30 Minuten
Charakter: interessant, etwas verrückt, spannend, lustig, kein Wettbewerb
Material: Wecker – pro Person 2 Geschenke (siehe unten) – Würfel

Kurz bevor der Stehkrempel (anderer Ausdruck für Weihnachtsgeschenke) wieder zunimmt, kannst du zwei Sachen loswerden. Jeder bringt zwei Geschenke mit, eins, was er schon immer mal loswerden wollte, ein anderes, wovon sich jeder etwas schlechter trennen kann (komm, gib dir einen Ruck!).

Die Spieler sitzen um einen Tisch herum. In der Mitte stellt ihr einen Wecker auf und einigt euch auf die Zeit, wie lange ihr spielen wollt. Jetzt stellt jeder seine beiden Geschenke vor und beschreibt, was er an dem einen mag und warum er das andere gerne loswerden will. Nun legt jeder sein Flop-Geschenk rechts und das Top-Geschenk links von sich auf den Tisch. Nun geht's los mit Würfeln, alle würfeln hintereinander, jeder einmal. Bei den Zahlen „2" bis „5" passiert nichts, wer eine „6" hat, muss sein Top-Geschenk einem anderen seiner Wahl überreichen. Als Ausgleich bekommt er aber dessen Top-Geschenk. Der gleiche Tausch findet mit den Flop-Geschenken statt, bei einer gewürfelten „1". Die Geschenke können auch mehrfach hin- und herwandern. Die Tauschgeschäfte werden erst dann erbarmungslos beendet, wenn der Wecker rappelt. Jeder muss dann mit zwei neuen, hoffentlich ihm angenehmen Präsenten heimwackeln …

Oh, du fröhliche ...!

Weihnachtsglanz

Er hatte getan, was er konnte, um seinem Schaufenster adventlichen Glanz zu verleihen. Es fehlte weder an Tannengrün noch an Kerzen; auch silberne Glöckchen und sonstiger Flitter waren vorhanden. Er hatte aber noch mehr getan. Mitten in die Dekoration legte er eine offene Bibel.

Auf der aufgeschlagenen Seite war eine Stelle rot unterstrichen. So konnte nun jedermann lesen: „Also hat Gott die Welt geliebt, dass er seinen eingeborenen Sohn gab, auf dass alle, die an ihn glauben, nicht verloren werden, sondern das ewige Leben haben."

Zwei Damen, die an dem Schaufenster vorübergingen, warfen einen Blick hinein. Da entdeckten sie natürlich auch die Bibel und den Bibelvers. Sagte die eine zur anderen: „Schrecklich, die ziehen doch heutzutage überall die Bibel mit hinein! Jetzt wahrhaftig auch noch beim Weihnachtsfest!"

Wir sind Beschenkte

Ich muss damals fünfzehn oder sechzehn Jahre alt gewesen sein; jedenfalls war es die Zeit, da in meinem Jungenleben der zweifelnde und besserwisserische Intellekt sich wie eine ätzende Säure über alles zu ergießen begann, was mir zuvor in gewisser und klarer Gestalt vor dem leuchtenden Grunde göttlicher Offenbarung gestanden hatte. Schon seit einiger Zeit hatten die Worte und reinen Gestalten, die aus meiner kindlichen Glaubenswelt herüberschimmerten, den Glanz ihrer himmlischen Gewissheit verloren, dass sie nicht vollends zersetzt und aufgelöst, sondern mir sogar in einer größeren und standhafteren Wirklichkeit zurückgeschenkt wurden, scheint mir nicht unwesentlich mit einem kleinen weihnachtlichen Geheimnis zusammenzuhängen, das ich schildern will.

Ich weiß noch, dass ich mich in dem fraglichen Jahr anschickte, das Weihnachtsfest in einer äußerst düsteren und unmutigen Stimmung zu begehen. Es hatte in der Schule Zusammenstöße mit dem Religionslehrer gegeben, der nicht die Gewandtheit und – wie ich heute glaube – auch vom Evangelium her nicht die innere Berechtigung hatte, sich auf meine fantastischen und vorwitzigen religiösen Grübeleien einzulassen. So begann ich – erbittert und aller Welt ihrer vermeintlichen Starr- und Enggläubigkeit wegen feind – mich in mich selbst zu verkriechen, glaubte mich zum geistigen Hochmut und zur

Menschenverachtung berechtigt und bemerkte nicht ohne eine gewisse ingrimmige Zufriedenheit, dass ich allmählich wirklich die Verbindung zu den Personen auch meiner nächsten Umgebung verlor.

Weihnachten würde ich als ein Fest der anderen erleben, so glaubte ich, als eine Gelegenheit, bei der mir auf willkommene Weise wiederum einmal so recht klar werden sollte, wie wenig das geistliche Brot der „anderen" mich selbst noch satt zu machen imstande wäre.

Mitten in diesen Gemütszustand hinein rief mir eine Freundin beim Abschied auf dem Bahnhof – sie fuhr zu ihren Eltern aufs Land – ein seltsam starkes und lebendiges Wort zu. „Ich freue mich sehr!", rief sie aus. „Weihnachten kommt mir diesmal so ganz nahe."

Wenn ich es mir auch nicht eingestehen mochte, noch weniger es mir erklären konnte, dieser Abschiedsruf machte einen tiefen Eindruck auf mich. Ich ließ mir zwar äußerlich nichts anmerken, sondern nahm an der Christvesper und an der Feier im Familienkreis in genau der inneren Haltung teil, wie ich es mir vorgenommen und vorgestellt hatte. Als die Heilige Nacht jedoch tiefer herabsank und die älteren Brüder und Schwestern nach beendigter Bescherung sich vorkostend in die geschenkten Bücher, Noten und Bilder verloren, da war jedes Wort der fröhlich heimreisenden Kameradin auf einmal wieder sehr stark bei mir: „Weihnachten kommt mir diesmal so ganz nahe."

Ich ging in ein stilles Zimmer unserer Wohnung, schlug den Vorhang vom Fenster zurück und starrte über die weißen Dächer und Straßenschluchten unserer kleinen Stadt hinweg. Gleich zur Rechten ragte das Gerichtsgefängnis auf; das hohe dunkle Gebäude umklammerte von drei Seiten einen viereckigen Hof, wo ich auf schmalen Gehsteigen die Gefangenen Tag für Tag zur bestimmten Stunde bei ihrem vorgeschriebenen Rundgang sehen konnte. Senkte sich der Blick schräg am

Gefängnis vorbei etwas tiefer herab, so traf er zuerst auf eine alte Schmiede; es folgten ein paar kleine, morsche Häuser, sodann die katholische Kirche mit dem stillen, ziegelroten Pfarrhaus, und endlich, ganz fern im Mondlicht nur zu ahnen, ein schmaler Streifen Waldes. In allen Häusern, die ich von hier aus sehen konnte, waren die Fenster rötlich erhellt, von den Sternen rieselte dünnes, bläuliches Licht auf die verschneiten Dächer herab. In der Kirche pulste etwas Lichtes und Warmes hinter den hohen Fenstern, und selbst im Gefängnis, wenn ich nicht irre, war noch ein anderer Schein als sonst wach.

„Weihnachten kommt mir diesmal so ganz nahe!", musste ich wieder denken. Wahrhaftig, allüberall in der kleinen Stadt schien ein geheimnisvolles Licht auf die winterlich tote Welt herabgekommen. Einzig ich selbst stand unberührt und unerhellt da. Zu mir kam Weihnachten nicht „nahe herab". Nicht mein Fest war es.

Warum nicht? Hatte ich etwa schuld daran, dass mein Geist keine Genüge mehr zu finden vermochte an der einfältig-gemüthaften Vorstellung von dem göttlichen Kind in der Krippe? War meine mühsam errungene Idee einer höchsten Weltharmonie und einer stufenweise sich in der Schöpfung selbst darstellenden Gottheit, die es nicht nötig hatte, um die Liebe des Menschen auf so merkwürdig „menschliche" Weise zu werben, war diese meine Idee nicht sogar dem erhabenen Wesen Gottes gemäßer und des menschlichen Geistes würdiger als jene anderen Vorstellungen, von denen in dieser Nacht die Welt wieder einmal hörte?

Oder kam etwa die Liebe, die alle Menschen heute zu empfinden schienen, darum nicht zu mir, weil ich selbst keine Liebe zu meinem Nächsten zu empfinden vermocht hätte? War ich schlechter als irgendeiner von denen, die jetzt fromme Lieder sangen, die ihre Herzen mit einem „Trost“ erfüllten, den ich ehrlicherweise von mir abweisen musste?

Ich war nicht schlechter als nur irgendeiner von jenen allen, so antwortete ich mir selbst. Ich würde es übrigens sofort beweisen. Und nun tat ich etwas, was mir in einer ruhigeren Stunde überspannt und sentimental erschienen wäre. Ich packte nämlich alle meine „süßen Sachen“, so wie sie auf meinem bunten Teller lagen, in eine große Papiertüte, steckte die Tüte in meine Schulmappe, nahm Hut und Mantel und begab mich auf die Straße hinab.

Ich suchte die ärmeren Viertel der Stadt auf; hier waren die Straßen breit und holprig. Die Häuser neigten sich mir tief und schläfrig entgegen. Hier und da erklangen verspätet noch dünne Kinderstimmchen und der leiernde Gesang von Erwachsenen hinter den rötlich erleuchteten Scheiben hervor ...

Da ging ich nun und begegnete kaum einem Menschen, jedenfalls nicht einem, dem ich etwas von meinen Geschenken hätte geben können. Alle saßen sie bereits an vollen Tischen oder waren auf dem Wege zu ihrer Weihnachtsbescherung, alle hatten sie schon empfangen, und ob es nun wenig war oder viel, es schien doch genug, um sie für diesen Abend froh zu machen. Sollte es aber dennoch Menschen in dieser Stadt geben, die selbst heute Nacht noch Not litten, so kannte ich sie nicht. Und wo sollte ich sie suchen?

Als ich mich einem etwa zwölfjährigen Mädchen mit meiner Mappe näherte, um ihm etwas daraus anzubieten, zuckte es erschreckt zur Seite, als werde es von etwas Bösem und Unrechtem berührt. Eine alte Frau starrte mich aus aufgerissenen, toten Augen an, als ich ihr ein Marzipanherz in die Hand drückte. Als ich mich nach einer Weile umblickte, sah ich sie noch immer auf dem gleichen Fleck stehen und mir nachstarren. Sie sah nicht auf das Marzipanherz, sie sah auf mich, und zuletzt schüttelte sie langsam den Kopf ...

Unter diesen Eindrücken begannen mir sehr bald schon das Unechte und Peinliche meines Tuns zum Bewusstsein zu kommen. Ich ging schneller. Als endlich ein paar Kinder, denen ich von meinen Sachen abgeben wollte, mich geradezu auslachten und damit prahlten, dass sie selbst einen viel schöneren bunten Teller auf ihrem Tisch stehen hätten, wobei sie jedoch meine Süßigkeiten so im Fortgehen nahmen, als seien sie nichts, da stellte ich voller Scham und Ärger die Tüte mit dem Übriggebliebenen vor eine Tür und lief nach Hause ...

In dieser Nacht erkannte ich zum ersten Mal in meinem Leben ganz klar, dass ein Mensch dem anderen nichts schenken kann, wenn dieser andere das Geschenk verachtet. In dieser Nacht begann ich aber auch zu begreifen, dass Gott dem Menschen nichts schenken kann, wenn der Mensch sich nichts schenken lassen will. Und damit begann ich, mich selbst und meine Haltung diesem Weihnachtsfest gegenüber allmählich anders zu sehen. Wie? Saß denn nicht auch ich schon vor meinem eigenen bunten Teller, vor dem Tisch mit meinen Gaben, die ich mir selbst aus dem vermeintlichen „Reichtum meines Geistes" und dem meiner geistigen Vorbilder beschert hatte, während draußen vor meiner Tür auf der nächtlichen Straße jemand entlangging und suchte, wem er wohl abgeben könnte von seiner Fülle, die viel größer und reicher war als die auf meinem selbst gedeckten Tisch?

Wenn in meinem Leben Weihnachten nicht als etwas Lebendiges und Persönliches zu dieser Stunde „nahe herabkam", lag dann nicht womöglich an mir selbst die Schuld, an meinem geistigen Hochmut, den ich für abgeklärte Weisheit hielt? Sollte das Mysterium der Geburt Christi im Stalle zu Bethlehem nicht doch vielleicht etwas anderes, etwas unbegreiflich Größeres und Wirklicheres sein als nur ein Gefühls-

SCHON VIELE MENSCHEN
WOLLTEN GÖTTER SEIN!
ABER
NUR EIN GOTT
WOLLTE MENSCH SEIN.
JÖRG
2001

bild für weiche, sehnsüchtige Seelen und kindische Geister? Ich erinnerte mich der Freude jener Kameradin über das Gefühl einer um die Weihnachtszeit herabgekommenen Himmelsmacht, und ich verglich sie mit meiner eigenen Freudlosigkeit. Ich sah einen Menschen – aber nicht mich – einsam durch die dunklen Straßen gehen, mit vollen Händen, bereit, Kostbarkeiten zu verschenken, die niemand begehrte …

Und dann muss mir wohl nach und nach aufgegangen sein, dass das letzte und lebendige Wesen der Welt sich nicht fassen lässt mit den Organen des ordnenden und grübelnden Geistes, eben weil es Leben aus Gott ist.

Persönliches Geben und Nehmen, Liebe Gottes und gläubige Dankbarkeit des Menschen – das war der Schlüssel, mit dem mir endlich die Tür zu dem Mysterium im Stalle von Bethlehem aufgeschlossen wurde. Von hier aus konnte ich auch wieder dem Wort Gottes entgegengehen, und siehe, es war ein lebendiges Wort, gesprochen vom lebendigen Gott der Welt. Gott war nicht mehr ein Begriff, nicht mehr eine losgebundene Idee, sondern er wurde wieder das gütige, väterliche Du, das ich ansprechen durfte wie in den Kindertagen, ernster sogar, inniger. Und ob Gott noch so unendlich und gewaltig war, der Herr und Schöpfer des Himmels und der Erde, und ich so klein vor ihm, ein Nichts, ein Hauch, ich war doch ein Glied seiner Schöpfung und an sein Herz gehoben durch das freie Geschenk seiner Liebe.

Hier taten sich mir immer neue Räume auf. Hatte ich denn nicht einzig diese Begegnung mit dem schenkenden Gott gesucht? Was hatte mich an dem Ausruf der abreisenden Freundin denn so tief beunruhigt, wenn nicht die Ahnung, dass dieser Gott und Vater in Wahrheit auch schon für mich seine Hand aufhielt und mich freundlich anblickte? Leben, das wirkliche Leben, was konnte es denn anders sein als die Begegnung zwischen dem lebendigen Gott der Welt und seinem Geschöpf, das die eigene Armut mit Freuden bekennt, weil es ja auch seinen reichen himmlischen Vater bekennen und sich von ihm lieben lassen darf?

Aber die Weihnachtsbotschaft? Das Kind in der Krippe? Der Heiland aller Welt? Noch habe ich kaum von ihm gesprochen, und doch ist er schon lange heimlich dabei, während ich all dies sage. Denn dort im Stall zu Bethlehem ist ja der Gott der Welt eben in seiner schenkenden Fülle sichtbar und leibhaft in unsere Armut und Finsternis eingetreten – so leise, als fürchte er, uns zu beschämen durch das Übermaß seiner Liebe.

Wer aber das einmal mit erleuchteten Augen gesehen hat: dass nämlich der Christus im Stall von Bethlehem der lebendige Gott der Welt in Person ist, Mensch geworden um unserer Blindheit und Taubheit willen, um unseres Hochmutes und unseres Abfalls willen, ja schlicht und recht gesagt: um unserer Sünde willen, der wird nicht mehr abstrakt und selbstquälerisch nach dem „Sinn des Lebens" oder nach der „Existenz Gottes" fragen. Gott beweist sich in seiner Liebe. In seinem Schenken. Wo kräftiger und deutlicher, ja wo „menschlicher" als hier?

Nun wissen wir aber auch, dass dieser Christus Gottes, der um Weihnachten in menschlicher Gestalt auf Erden erschienen ist, hernach ans Kreuz geschlagen wird, danach von den Toten aufersteht und in seine volle himmlische Gewalt zurücktritt. Als der Auferstandene und Himmlische hat er uns versprochen, bei uns zu bleiben bis ans Ende der Welt.

Nichts „Vergangenes" feiern wir um Weihnachten, sondern die stärkste Gegenwart und die wirklichste Wirklichkeit, die es überhaupt gibt: die Gegenwart des lebendigen, schenkenden Gottes. Jetzt, heute tut sich der Himmel auf, und die Liebe Gottes kommt zu uns in Person, in der

Person Jesu Christi nämlich, der „ganzer Mensch und ganzer Gott" ist. Er ist heute da. Ganz nahe. Ganz unten auf Erden. So nahe bei dir und mir wie noch nie, seitdem der Mensch glaubte, ohne Gott seine eigenen Wege gehen zu dürfen. Nun sehe jeder zu, wie er es fasse! Und wie er es aushält, auch nur einen Funken der Weihnachtsbotschaft in sein Herz zu lassen und dann nicht über alle Welt hin zu danken und zu frohlocken: Wir sind Beschenkte!

Willy Kramp

Es begab sich aber zu unserer Zeit

Es begab sich aber zu der Zeit, dass ein Angebot von den Kaufleuten ausging, dass alle Welt kaufen solle. Und ein jeglicher machte sich auf den Weg, dass er noch etwas bekäme. Und dieser Einkauf geschah zu der Zeit, da Tausende von Menschen am Hunger starben. Und siehe, sie hatten keine Herberge für sie.

Kerzenwettfahrt

ab 8 Personen
ab 6 Jahren
ca. 5-10 Minuten
Charakter: spannend, etwas kniffelig, starker Wettbewerb
Material: 2 Kerzen – 2 Bierdeckel oder kleine Schachteln – 2 Seile –

Eine Kerze (Teelicht) wird auf einer kleinen Schachtel oder einem Bierdeckel „festgewachst", damit sie nicht umfällt. An die Schachtel/Bierdeckel wird ein Bindfaden befestigt und mit diesem Gefährt, das du hinter dir herziehst, musst du möglichst schnell eine vorher abgesteckte Strecke hinter dich bringen. Man kann das Ganze als Einzelrennen nach Zeit mit Stoppuhr durchführen – oder spannender jeweils zu zweit parallel – oder noch spannender auch als Stafette. Der Spieler, dem die Kerze ausgeht, muss zur Startlinie zurück. Dort steckt er die Kerze wieder an und läuft wieder weiter.

Der alte Schuppen dahinten …

Wie war das eigentlich damals bei der Geburt Jesu? Der Bericht in der Bibel ist ja nicht gerade lang, und man könnte sicher einen ganzen Roman schreiben über die aufregende Zeit der jungen Familie damals, kurz vor der Stunde 0. Der Norweger Edin Løvås hat sich Gedanken darüber gemacht, was vielleicht zwischen den Zeilen der Weihnachtsgeschichte noch so alles steht …

„Ich", sagte der Alte, der ganz offensichtlich der Wirt der Herberge war, „habe in den letzten Wochen einfach keine Zeit gehabt, den Stall auszumisten. Wir sind voll belegt und haben reichlich zu tun. Aber bitte, wenn ihr wirklich damit zufrieden seid, ich habe nichts dagegen. Es ist der alte Schuppen dahinten."

Aus dem Haus war lautes Gelächter zu hören. Irgendjemand rief nach mehr Wein. Der Wirt verschwand hastig hinter einer angelehnten Tür. „Du, die Wehen werden immer schlimmer, ich halte es nicht mehr lange aus", sagte Maria. Sie stützte sich auf ihren Mann und stöhnte leise, während sie langsam über den schmutzigen Hof gingen. Es war wirklich nicht mehr als ein alter Schuppen. Mit viel Mühe zog Josef die Tür auf. Sie kratzte über den Boden und der Gestank des Stalles schlug ihnen entgegen.

„Bleib erst mal draußen und lehne dich gegen die Wand, Maria", sagte Josef. „Ich muss hier erst mal den schlimmsten Dreck beiseite räumen." In der Ecke standen einige Ackergeräte. Josef griff nach einer Forke. „Herr, Israels Gott, hilf uns", murmelte er wieder und wieder, während er den Mist mühsam in eine Ecke schaufelte, wo schon mehr lag. „Ich friere", hörte er von draußen. „Es geht nicht mehr lange, ich muss jetzt reinkommen können." Dann stand sie in der Tür, Maria, 16 Jahre alt, bleich, klein, ängstlich und schwerfällig, die paar ruhigen Minuten zwischen zwei Wehen nutzend. Erschrocken blickte sie in das Halbdunkel. „Soll das Kind wirklich hier zur Welt kommen, Josef?", flüsterte sie. Er richtete sich auf und stand vor ihr, dünn, hilflos. In seinem Gesicht zuckte es. Er antwortete nicht. „Ich muss mich hinlegen. Wo kann ich mich hinlegen?"

Josef warf die Forke weg und sah sich hastig um. Hinten in einer Ecke lagen einigermaßen frisches Stroh und Reste von Laub und Zweigen. Er zog seinen Mantel aus und versuchte ihn so über das Stroh zu legen, dass Maria darauf liegen konnte. Mühsam schlurfte Maria durch den Stall. Sie hob ihre Füße nicht mehr richtig hoch, achtete nicht darauf, wo sie hintrat. Eine neue Wehe erfasste ihren Körper. Vorsichtig griff Josef sie im Rücken und half ihr, sich hinzulegen. „Wasser, hol warmes Wasser", flüsterte sie.

Zögernd ging er zur Tür, drehte sich um und lief dann mit großen Schritten über den Hof. Plötzlich fühlte er, wie eine böse Gereiztheit in ihm hochstieg. „Wo bin ich da bloß hineingeraten?", dachte er. „Warum muss das alles so laufen?"

Drinnen im Wirtshaus ging es hoch her. Die große Schankstube war voll. Sie aßen und tranken, sangen und grölten. Der Wirt hatte ihnen offensichtlich berichtet, sie wussten Bescheid. Neugierige Blicke folgten ihm. Gerade kam der Alte zur Tür herein. „Wasser", sagte Josef zu ihm. „Wir brauchen warmes Wasser, das Kind wird gleich kommen.“

Wenig später eilte er über den Hof zurück, einen Topf mit lauwarmem Wasser vorsichtig zwischen den beiden Händen haltend. Es wurde höchste Zeit, dass er zurückkam. Die Geburt hatte bereits begonnen. Maria hatte ein schmutziges Stück Holz zu fassen bekommen und es sich zwischen die Zähne gesteckt, um die Schmerzen zu dämpfen. Eine neue Entschlossenheit war in ihr Gesicht getreten. Als Josef den Topf abstellte, spuckte sie das Holzstück aus und schrie. Er sah, wie der Kopf heraustrat, kniete sich zu ihr und nahm das Kind in seine Hände.

Draußen auf den Wiesen, einige hundert Meter vom Stall entfernt, standen Hirten und starrten verständnislos hinauf zum Himmel. Sie sahen einen Schein, der sich über das gesamte Himmelsgewölbe ausbreitete. Sie hörten Musik und Gesang, die von allen Seiten zu kommen schienen. Direkt vor ihnen sah es so aus, als ob sich ein Pfeiler von Licht langsam auf die Erde senken würde. Wie um Schutz zu suchen, fassten sich die Hirten unwillkürlich bei den Händen. Die Tiere um sie herum wurden unruhig.

Das Licht, die Musik, der Gesang näherten sich ihnen, so als ob sie sich über ihren Körper drängten. Auf einmal verschwand ihre Ängstlichkeit und sie waren erfüllt von einem sonderbaren Frieden. Kaum hörbar flüsterte einer von Ihnen: „Keiner kann Gott sehen und leben …“ Trotzdem wurden sie nicht ängstlich. Das Licht veränderte seine Gestalt. Sie hörten eine Stimme, die von allen Seiten zu kommen schien, oben vom Himmel und unten von der Erde:
„Habt keine Angst. Ich bringe euch Botschaft von einer großen Freude. Einer Freude für das ganze Volk. Heute ist euch in der Stadt Davids der Erlöser geboren. Es ist der Messias, der Herr. Und das ist das Zeichen für

euch: Ihr werdet ein neugeborenes Kind finden, das in Windeln gewickelt ist und in einer Krippe liegt."

Plötzlich, als ob der Himmel von einer mächtigen Hand sauber gewischt wurde, war das Licht wieder weg und der Gesang vorbei. Die Hirten sahen sich nach allen Seiten um. Einige brachen in Schluchzen aus. Sie weinten vor Freude und in einem Gefühl der Hilflosigkeit. Dann breitete sich Stille aus. Langsam und vorsichtig fingen sie an, miteinander zu sprechen. Sie sprachen von Bethlehem, von dem Kind, von der Krippe. Die Tiere waren wieder ruhig geworden. „Kommt, wir müssen schnell los", meinte einer. Und die Hirten gingen, sie ließen die Tiere allein, gingen einer hinter dem anderen, der Älteste voran.

Josef hörte sie zuerst. Als er vorsichtig die Tür aufdrückte, standen sie da, bärtig, hager, ziemlich raue Gestalten. Und doch ging von ihnen etwas Sonderbares aus. Sie drängten in den Stall, sahen Maria, die auf dem Boden saß, schräg an eine Wand gestützt. Sie sah müde aus, erschöpft und doch ruhig. Die Hirten folgten ihrem Blick, sahen die Krippe, sahen das Kind. Es war in alte Tücher gewickelt, Lumpen. Die, die selber Väter waren, dachten: „Genau wie unser Kind, so klein, so rot und schrumpelig im Gesicht."

„Habt ihr das Licht gesehen, habt ihr die Musik gehört, den Gesang? Habt auch ihr die Botschaft empfangen?", fiel einer dem anderen ins Wort. Josef schüttelte verwundert den Kopf. Maria sah fragend hoch. „Nein", sagte Maria, „aber es war ein Engel bei mir vor der Zeit."
Plötzlich lag einer der Hirten auf den Knien bei der Krippe, sah auf das Kind, redete, betete es an. Dann fielen alle auf die Knie. In sich hörten sie wieder das Singen, sahen wieder das Licht, hörten das Reden aus sich heraufsteigen. Ein unglaubliches Gefühl durchdrang sie. Einer fing an, Davids Psalm aufzusagen: „Lobe den Herrn, meine Seele, und

all mein Inneres seinen heiligen Namen." Die anderen fielen ein: „Lobe den Herrn, meine Seele, und vergiss nicht, was er dir Gutes getan." „Jesus wird er heißen", flüsterte Maria. „Er wird das Volk von seinen Sünden erlösen." Nur die in der Nähe saßen, hörten, was sie sagte, denn plötzlich fing der Esel an zu schreien und die Schafe blökten. Man hörte das Quietschen und Scharren der Tür. Offensichtlich kam der Wirt, um die Tiere zu füttern. Vielleicht war er auch nur neugierig und wollte sehen, was passiert war. Die Hirten standen auf und gingen mit zögernden Schritten einer nach dem anderen aus dem Stall. Zurück blieben die jungen Eltern und das Kind. Der Wirt sah auf das Kleine und schüttelte entschieden den Kopf. „Ein schlechter Start", meinte er.

Oh, du fröhliche ...!

Immer diese Söhne ...

Ein Jude stirbt an Herzschlag und kommt zum Gottvater. Der fragt: „Warum bist du am Herzschlag gestorben?" Da antwortet der Jude: „Mein einziger Sohn ist Christ geworden." Da sagte Gottvater: „Das Gleiche kann ich auch von meinem Sohn sagen." Fragt der Jude: „Und was hast du gemacht?" Da sagt Gottvater: „Ein neues Testament."

Heilige Familie in Öl

Ein Atheist geht ins Museum. Er sieht sich die Bilder an und bleibt schließlich vor einem Gemälde von Rubens stehen: „Die Heilige Familie auf der Flucht". Er betrachtet lange das Bild. Endlich wendet er sich zu seinem Begleiter. „So sind die Christen! Seit Jahrhunderten erzählen sie den Leuten, Maria und Josef seien so arm gewesen, dass Maria ihr Kind in einem Stall hat zur Welt bringen müssen. Aber um sich von Rubens malen zu lassen – dafür hatten sie Geld genug!"

Kerze hinter der Hand

ab 8 Personen
ab 8 Jahren
ca. 5-10 Minuten
Charakter: spannend, interessant, kniffelig, starker Wettbewerb
Material: 2 Kerzen

Jeweils zwei Spieler bekommen eine brennende Weihnachtskerze in die Hand und müssen versuchen, die Kerze des anderen auszupusten. Dabei musst du allerdings aufpassen, dass du beim Angreifen nicht deine Flamme außer Acht lässt und sie aus Versehen selber ausgeht. Natürlich darfst du deine Kerze auch hinter deinen Rücken halten, solange du damit dein Sweatshirt nicht verkokelst ...

Die Weihnachtskrippe

Peter durfte zum ersten Mal mit dem Zug verreisen, und zwar zu seinen Großeltern. Es war in der Weihnachtszeit. Gleich nachdem ihn der Großvater am Bahnhof abgeholt hatte, gab es bei der Großmutter guten, warmen Kakao zu trinken und dazu die feinen Plätzchen, die ihm so schmeckten. Er war ganz aufgeregt und konnte abends kaum einschlafen, und morgens war er als Erster wach.

Am Nachmittag dieses Tages nahm ihn der Großvater mit auf den Dachboden des Hauses: „Komm, ich muss dir etwas zeigen." Als sie die schmale Treppe hinaufgestiegen waren, sah Peter in der Ecke des Raumes große, geschnitzte Holzfiguren.

Diese Krippenfiguren standen auf einem Tischchen – vorsichtig nahm der Großvater den Stall und einen knienden Hirten in die Hand und trug sie hinunter. Peter durfte den Josef tragen. Mehrmals mussten sie die Treppe hinaufgehen, bis alle Figuren unten waren. Peter beobachtete, wie Großvater die Figuren auf einen großen Tisch stellte. „Was bedeuten diese Figuren? Was macht denn der mit dem Kästchen in der Hand? Warum haben die so helle Kleider an?", so durchlöcherte Peter den Großvater mit Fragen. Geduldig erklärte der Großvater dem Kind alles, während er die Figuren abstaubte und in die Krippenlandschaft stellte. Immer leiser wurde die Stimme von Peter. Er gähnte. Allmählich wurde er in der warmen Stube ganz müde. Sein Kopf sank auf die Tischplatte. Er war eingeschlafen. Dabei träumte er.

Im Traum wurden alle Holzfiguren lebendig, die Hirten mit ihren Schafen, die Weisen aus dem Morgenland mit ihren Kamelen, Maria und Josef und auch das Kind in der Krippe. Und er selbst ging auf die Krippe zu und begrüßte das Jesuskind. Da fiel ihm ein: Ich habe ja nichts zu schenken mitgebracht. Alle hatten etwas bei sich, die Hirten: das Schaffell, die Weisen: Gold, Weihrauch und Myrrhe – nur er – er hatte nichts.

Da sagte das Jesuskind zu ihm: „Drei Dinge möchte ich von dir." „Ach ja", antwortete der Junge, „jetzt weiß ich's, meine neue elektrische Eisenbahn und das Buch mit den schönen, bunten Bildern und die neue Winterjacke, das gebe ich dir!"

Das Jesuskind sagte: „Nein, das brauche ich nicht. Drei andere Dinge brauche ich von dir!" – „Was denn?" – „Erstens gibst du mir deinen letzten Deutschaufsatz!" Peter bekam einen Schrecken und sagte: „Aber das geht doch nicht. Da hat der Lehrer ‚ungenügend' darunter geschrieben."

„Ja", sagte Jesus, „gerade deswegen will ich ihn ja haben. Versprich mir, dass du mir alles in deinem Leben gibst, wo die Menschen darunter schreiben ‚ungenügend', ‚reicht nicht', ‚stimmt nicht', ‚nicht vollkommen'. Bringst du mir immer alles, was ungenügend ist?" – „Ja", sagte Peter.

„Und das zweite, das ich von dir möchte, ist dein Milchglas." Schnell sagte Peter: „Das ist doch zerbrochen!" – „Ja, gerade deswegen." „Versprichst du mir, dass du mir alles bringst, was unter deinen Händen zerbricht, alles, was in Scherben geht, alles, was kaputtgeht in deinem

Leben, alles, was verwundet ist, was Sprünge bekommt und auseinander bricht, bringst du mir das?" „Ja", sagte er.

„Und dann hätte ich gerne noch ein Drittes von dir: die Antwort, die du deiner Mutter gabst, als sie dich nach dem Glas fragte!" Da senkte Peter den Kopf, wurde ganz klein und sagte: „Da habe ich gelogen. Das Glas war nicht runtergefallen, wie ich es gesagt hatte. Ich habe es aus Wut und Zorn zerschmissen." „Ja", erwiderte Jesus, „deswegen! Versprichst du mir, dass du mir alles aus deinem Leben gibst, was gelogen ist, was aus Wut und Zorn absichtlich zerstört ist? Bringst du mir das alles, damit ich es heil machen kann?" Und Peter sagte: „Ja!"

In diesem Augenblick wachte er auf, sah die Krippenfiguren aus Holz, sah den Großvater mit dem Staubtuch hantieren. Sehr nachdenklich saß er da, in ihm war eine tiefe Freude, die er sich nicht ganz erklären konnte. Ob er begriffen hat, dass das mehr als ein schöner Traum war?

Ob wir begreifen, dass Weihnachten nicht nur mit niedlichen Holzfiguren zu tun hat, die man abstauben kann und später wieder auf den Boden stellt? Jesus möchte unsere Seele abstauben von Schmutz und Dreck, unser Herz reinigen, damit wir wieder aufatmen können, wieder lachen können. Dass uns Freude ins Herz fällt, die vor dem Alltag nicht kapituliert. Die Hirten gingen zurück zu ihren Schafen, in die Nacht und Kälte voller Gefahren – und dankten und priesen Gott.

Jesus sagt zu uns: „Gib mir das, worunter ‚ungenügend' steht." Vielleicht haben wir unter unserem Deutschaufsatz ein ‚Befriedigend' stehen gehabt oder sogar ein ‚Sehr gut'. Dafür haben uns die heranwachsenden Kinder in Sachen Erziehung die Note ‚Sechs' gegeben und gesagt: ‚Du hattest nie Zeit für mich!'. Gib dein Versagen Jesus.

Jesus sagt: „Gib mir, was zerbrochen ist in deinem Leben!" Vielleicht haben wir noch keine Milchgläser zerschmissen oder trinken aus Plastikbechern. Aber da zerbricht die Beziehung zum Ehepartner – in den Weihnachtstagen zeigen sich die Risse besonders deutlich. Man hat sich nichts mehr zu sagen. Gib es Jesus.

Jesus sagt zu uns: „Gib mir, was verlogen ist in deinem Leben." Wegen eines zerbrochenen Glases haben wir wohl niemanden belogen. Aber vielleicht versuchen wir, unseren Arbeitskollegen oder Nachbarn vorzumachen, was für ein großartiger Mensch wir sind – und werden hinter dieser Maske immer einsamer.

Dieser Jesus, der unser Leben heilen möchte, ist mehr als das süße Jesuskind, das vor 2000 Jahren in der Krippe lag. Er redet uns heute an, weil er unserem Leben heute Sinn geben will. Deshalb sagt er: „Gib das Verlogene, Zerbrochene und Ungenügende mir." Ob wir das begreifen, das Jesus das wirklich so meint, dass das kein frommer Traum bleiben muss?

Ob wir ihn beim Wort nehmen? Er wartet auf uns, dass wir uns an ihn wenden, indem wir zu ihm in einfachen Worten beten. Wenn wir es ausprobieren, erfahren wir: Dieser Jesus ist keine niedliche Figur, die man wegräumen kann. Er ist auferstanden, damit man ihm sein Leben ganz anvertrauen kann. Er ist auch dann noch da, wenn alles andere von Weihnachten auf dem Boden ruht und verstaubt.

„Euch ist heute der Retter geboren, der Herr in der Stadt Davids" – so haben es die Engel verkündet.

Von einem Retter zu reden ist nur sinnvoll, wenn es was zu retten gibt. Uns gibt es zu retten. Jesus ist gekommen, uns zu retten, zu erretten, weil wir ohne ihn verloren sind. Eigentlich ist der Anlass für Weihnachten nicht nur schön. Wir sind wie Verschüttete nach einem Erdbeben, und Jesus kommt in unseren Staub, kriecht in unsere zerfallenen Hütten, wagt sich auf unsere Ruinen. Und er streckt die Hand nach uns aus. Bist du zu stolz einzuschlagen?

Ich lade alle ein, vielleicht das erste Mal einzuschlagen in die Hand Jesu. In einem stillen Gebet. „Jesus, du warst für mich nur Beiprogramm, nur die Vorsuppe, aber die Hauptspeise hole ich mir im Urlaub, in der Anerkennung anderer Menschen, in meiner Leistung …" Du könntest das erste Mal ihm sagen: „Jesus, du sollst mein Retter, mein Herr und Heiland werden, ab diesem Heiligabend. Und dieser Heiland verspricht uns kein Fantasieland, verspricht uns keine Weihnachtsgefühle, sondern immer bei uns zu sein …

Sag ihm die Situation, wo du dir selbst sagst oder andere dir sagen: „ungenügend". Gib dein Versagen an Jesus ab. Gib Jesus deine Verletzungen ab. Er ist als Heiland gekommen. Nicht die Gesunden brauchen einen Arzt, einen Heiland, einen Retter. Nimm seine Dienstleistung in Anspruch, das ist der Grund, warum er geboren wurde, nicht zur Verzierung für den Weihnachtsmarkt!

Sag ihm, was unter deinen Händen zerbricht, alles, was in Scherben geht, alles, was kaputtgeht in deinem Leben, alles, was verwundet ist, was Sprünge bekommt und auseinander bricht. Bring ihm deine Maske, deine Show, deine Unehrlichkeit, deine Lüge, dein Doppelleben.

Und danach kannst du feiern, fröhlich sein, der Verlorene Sohn hat keine Trübsal geblasen, sondern getanzt und gefeiert. Wir haben heute so viel Grund, zu tanzen und zu feiern, weil der Retter geboren ist. Eigentlich können nur die feiern, die sich retten lassen wollen …

Frohes Fest

Ein Lied

Wir saßen in der Kirche und sangen „Stille Nacht"
und im Stadtpark hat sich jemand umgebracht.
Man entdeckte ihn zu spät; denn Heiligabend sind ja alle zu Hause.
Schöne Kerzen, warmes Licht, es war Weihnachtszeit.
„Macht hoch die Tür, die Tor macht weit" –
doch für Selbstmordkandidaten war sie ausgerechnet heute geschlossen.

Refrain:
Frohes Fest, frohes Fest!
Welch ein wirkungsloser Rest.
Gott wird ein Mensch, weil er uns liebt,
und seit es diese Nachricht gibt, gibt es Hoffnung.

Wir spenden immer viel für die Hungernden der Welt,
doch er hungerte nach Liebe, einem Freund, der zu ihm hält.
Heiligabend gab er auf und „leise rieselt" jetzt „der Schnee" auf seine Leiche.
Wir versäumten ihm zu sagen, wer das Christkind ist,
weil man Weihnachten so leicht den Mann am Kreuz vergisst.
Und „O Jesus, du mein Leben" war für ihn nie eine eigene Erfahrung.

Refrain:
Frohes Fest, frohes Fest!
Welch ein wirkungsloser Rest.
Gott wird ein Mensch, weil er uns liebt,
und seit es diese Nachricht gibt, gibt es Hoffnung.

Er hätte den gefunden, der ihn gut versteht,
der dem Leben einen Sinn gibt, täglich mit ihm geht.
Es wär' „ein Ros' entsprungen" mitten in der Nacht
und in der Kälte seines Alltags.
Hätte er doch nur gesehn, dass es Hoffnung gibt,
weil in dunkelsten Momenten jemand da ist, der ihn liebt,
wär' die Zeile „O du fröhliche" ein Lied für alle Tage eines Jahres!

Refrain:
Frohes Fest, frohes Fest!
Welch ein wirkungsloser Rest.
Gott wird ein Mensch, weil er uns liebt,
und seit es diese Nachricht gibt, gibt es Hoffnung.

Andreas Malessa

Die Geschichte mit dem Stressfaktor

ab 10 Personen
ab 8 Jahren
ca. 5-15 Minuten
Charakter: spannend, kniffelig, starke Konzentration nötig, starker Wettbewerb
Material: Stuhl

Die Weihnachtszeit ist die Zeit des Geschichten-Vorlesens (oder -Erzählens). Heute hören wir eine Geschichte, bei der man sehr gut aufpassen muss ...

Zwei Mannschaften sitzen sich gegenüber. An einem Ende der beiden Reihen steht ein Stuhl oder Sessel. Die sich gegenüber sitzenden Personen bekommen jeweils das gleiche Stichwort wie z. B. VW – Nikolaus – Schäferhund – U-Boot – Tannenbaum – Briefkasten – Thomas Gottschalk – Charly Chaplin – Raiffeisenbank – 100,– EURO – Christkind – Weihnachtsmann – Bundeskanzler – usw. Jetzt beginnst du eine Geschichte (spontan) zu erzählen, oder vorzulesen, in der die jeweiligen Stichworte vorkommen. Sobald eines der Stichworte vorkommt, müssen die beiden, die das Wort vorher bekommen haben, auf den Stuhl laufen und sich hinsetzen. Wer zuerst sitzt, dessen Gruppe bekommt den Punkt. Natürlich weiß keiner, wann er drankommt, also nicht nach der Reihe die Wörter verteilen.

JÖRG
2001

Weihnachts-Eins, Zwei oder Drei?

ab 12 Personen
ab 8 Jahren
ca. 5-10 Minuten
Charakter: starker Wettbewerb
Material: –

Jeweils die erste Antwort ist richtig. Ihr solltet aber die Reihenfolge der möglichen Lösungen immer wieder wechseln, sodass die Spieler nicht immer die erste Antwort nennen.

Im Raum werden drei Ecken ausgemacht: A, B und C. Jede Ecke entspricht einer Antwort. Jeder stellt sich nach jeder Frage in die Ecke, von der er meint, dass zu ihr die richtige Lösung gehört.

1. Wie lang geht die Weihnachtszeit?
   a) vom 1. Advent bis zum 6. Januar – b) vom 24.-26. Dezember – c) vom 1. Advent bis Silvester

2. Was heißt Advent?
   a) Ankunft – b) Wiederkunft – c) Sammlung

3. Bilden die vier Adventssonntage den Beginn oder den Abschluss des Kirchenjahres?
   a) Beginn – b) Abschluss – c) keins von beidem

4. An welchem Tag wird der Geburtstag Jesu gefeiert?
a) am 24./25. Dezember – b) am 6. Januar – c) am 19. Januar

5. Steht im Markus–Evangelium die Weihnachtsgeschichte?
a) nein – b) ja – c) ja, aber nur sehr kurz

6. In welchem Evangelium steht die Weihnachtsgeschichte?
a) Lukas – b) Matthäus – c) Johannes

7. Werden Ochs und Rind in der biblischen Weihnachtsgeschichte genannt?
a) nein – b) nur bei Lukas – c) bei Lukas und Matthäus

8. Werden Hirten in der Weihnachtsgeschichte genannt?
a) nur im Lukas–Evangelium – b) nur im Matthäus–Evangelium – c) bei keinem von beiden

9. Wo kommen ein Stern und Weise bzw. Sterndeuter in der Weihnachtsgeschichte vor?
a) nur im Matthäus–Evangelium – b) nur im Lukas–Evangelium – c) bei beiden kommen sie vor

10. Wer ordnete die allererste Volkszählung an?
a) Augustus – b) Pilatus – c) Herodes

11. Was brachten die Hirten dem Jesuskind als Geschenk? (die Hirten brachten keine Geschenke, das waren die Weisen)
a) gar nichts – b) Gold, Weihrauch, Myrrhe – c) ein Schäfchen

12. Welches Lied sangen die Engel in der Heiligen Nacht?
a) Ehre sei Gott in der Höhe – b) Stille Nacht, heilige Nacht – c) Vom Himmel hoch

13. Wer suchte den neugeborenen König der Juden?
a) Magier und Sterndeuter – b) die Hirten vom Feld – c) die Heiligen Drei Könige

14. Welches Land gewährte der „Heiligen Familie" Asyl?
a) Ägypten – b) Galiläa – c) Mesopotamien

15. Seit wann werden in Deutschland Adventskränze gebunden?
a) erst in der letzten Zeit (seit ca. 1920) – b) seit der Reformation (ca. 1520) – c) es ist ein alter Brauch der Kirche

16. Wann gab es zum ersten Mal einen Adventskalender?
a) 1906 – b) 1708 – c) 1508

17. Sankt Nikolaus war ursprünglich?
a) ein Türke – b) ein Russe – c) ein Deutscher

18. Aus welchem Land stammt der Brauch, an Weihnachten Krippen aufzustellen?
a) aus Italien – b) aus Österreich – c) aus Bayern

19. Welcher berühmte Künstler hat zum ersten Mal einen mit Sternen und Lichtern geschmückten Tannenbaum gemalt?
a) Lucas Cranach d. Ä. (1472-1553) – b) Caspar David Friedrich (1774-1840) – c) Carl Spitzweg (1808-1885)

20. Was ist ein Barbarazweig?
a) ein blühender Kirschzweig – b) ein geschmückter Tannenzweig – c) ein Mistelzweig

21. Was ist der Weihnachtsstern?
a) eine südamerikanische Pflanze – b) der Halleysche Komet – c) ein traditionelles Weihnachtsgebäck aus Siebenbürgen

22. Welche der weihnachtlichen Symbolfiguren hat tatsächlich gelebt?
a) der Nikolaus – b) der Weihnachtsmann – c) die Heiligen Drei Könige

23. Wem verdanken wir das Bild des Weihnachtsmanns, wie wir ihn heute kennen – mit weißem Bart, rotem Mantel und weißem Pelz?
a) Coca-Cola – b) Struwwelpeter – c) Martin Luther

24. Wann beginnt in jedem Jahr die Herstellung von Schokoladen-Weihnachtsmännern?
a) im August – b) im Oktober – c) im Juni

25. Was ist der liebste Weihnachtsbraten der Deutschen?
a) Gans – b) Ente – c) Wild

26. Wie viele Tonnen nehmen alle Bundesbürger zusammen in der Weihnachtszeit zu?
a) ca. 90.000t – b) ca. 70.000t – c) ca. 30.000t

27. Was ist laut einer Umfrage das schlimmste Weihnachtsgeschenk?
a) alles, was erst zusammen gebaut werden muss – b) alles, was dick macht – c) Kölnisch Wasser

28. Wie viele deutsche Zimmer-Tannenbäume werden in der Advents- und Weihnachtszeit ein Fall für die Feuerwehr?
a) ca. 6000 – b) ca. 9500 – c) ca. 3500

29. Wie viele Platten/CDs von „White Christmas" wurden bis heute verkauft?
a) 100 Millionen – b) 50 Millionen – c) 10 Millionen

30. Wie oft gab es im letzten Jahrhundert mitten in Westdeutschland (Frankfurt/Main) einen weißen Weihnachtsabend?
a) 25-mal – b) 50-mal – c) 12-mal

31. Lametta …
a) … kommt aus dem Lateinischen und heißt „feine Klinge" – b) … soll an den Schweif der Sterne erinnern – c) … war früher sehr wertvoll und auch als Krippengeschenk vorgesehen

32. Der Mistelzweig …
a) … wird vorwiegend in England über die Tür gehängt, und jeder Mann, der eine Dame hindurchgehen sieht, darf sie küssen – b) … hat einen stark wohlriechenden Geruch und wird vorwiegend in Kuhställen aufgehängt (deshalb auch *Mist*elzweig) – c) … wird in der Weihnachtszeit denen geschenkt, die zu spät kommen, als Symbol für diejenigen, die damals zu spät an die Krippe kamen (Mist, zu spät!)

33. Printen …
a) … sind ein besonderes weihnachtliches Gebäck aus Aachen – b) … stammt von dem Wort „sprinten" ab („schnell zur Krippe kommen!") – c) … sind muslimische Paten

34. Die Christrose …
a) … ist ein Hahnenfußgewächs – b) … ist ein Schneekristall – c) … ist eine Rose, die nur zu Weihnachten blüht

35. Glaskugeln wurden erfunden …
a) … von geschickten Glasbläsern aus Thüringen – b) … in der weltbekannten Glasstadt Venedig – c) … als durch Bergkristall entwickelte Kugeln in Norwegen

Es geschah am 1. Advent

Sonntag, 1. Advent

10.00 Uhr:
In der Reihenhaussiedlung Önkelstieg lässt sich die Rentnerin Erna B. durch ihren Enkel Norbert 3 Elektrokerzen auf der Fensterbank ihres Wohnzimmers installieren. Vorweihnachtliche Stimmung breitet sich aus, die Freude ist groß.

10.14 Uhr:
Beim Entleeren des Mülleimers beobachtet Nachbar Ottfried P. die provokante Weihnachtsoffensive im Nebenhaus und kontert umgehend mit der Aufstellung des 10-armigen dänischen Kerzensets zu je 15 Watt im Küchenfenster. Stunden später erstrahlt die gesamte Siedlung Önkelstieg im besinnlichen Glanz von 134 Fensterdekorationen.

19.03 Uhr:
Im 14 km entfernten Kohlekraftwerk Sottrup-Höcklage registriert der wachhabende Ingenieur irrtümlich einen Defekt der Strommessgeräte für den Bereich Stenkelfeld-Nord, ist aber zunächst arglos.

20.17 Uhr:
Den Eheleuten Horst und Heidi E. gelingt der Anschluss einer Kettenschaltung von 96 Halogen-Filmleuchten durch sämtliche Bäume ihres

Obstgartens ans Drehstromnetz. Teile der heimischen Vogelwelt beginnen verwirrt mit dem Nestbau.

20.56 Uhr:
Der Discothekenbesitzer Alfons K. sieht sich genötigt, seinerseits einen Teil zur vorweihnachtlichen Stimmung beizutragen, und montiert auf dem Flachdach seines Bungalows das Laserensemble Metropolis, das zu den leistungsstärksten Europas zählt. Die Fassade eines angrenzenden Getreidesilos hält dem Dauerfeuer der Nikolausprojektion mehrere Minuten stand, bevor sie mit einem hässlichen Geräusch zerbröckelt.

21.30 Uhr:
Im Trubel einer Jul-Club-Feier im Kohlekraftwerk Sottrup-Höcklage verhallt das Alarmsignal aus Generatorhalle 5.

21.50 Uhr:
Der 85-jährige Kriegsveteran August R. zaubert mit 190 Flakscheinwerfern des Typs Varta Volkssturm den Stern von Bethlehem an die tief hängende Wolkendecke.

22.12 Uhr:
Eine Gruppe asiatischer Geschäftsleute mit leichtem Gepäck und sommerlicher Bekleidung irrt verängstigt durch die Siedlung Önkelstieg. Zuvor war eine Boing 747 der Singapur Airlines mit dem Ziel Sidney versehentlich in der mit 3000 bunten Neonröhren gepflasterten Garagenzufahrt der Bäckerei Bröhrmeyer gelandet.

22.37 Uhr:
Die NASA-Raumsonde Voyager 7 funkt vom Rande der Milchstraße Bilder einer angeblichen Supernova auf der nördlichen Erdhalbkugel, die Experten in Houston sind ratlos.

22.50 Uhr:
Ein leichtes Beben erschüttert die Umgebung des Kohlekraftwerks Sottrup-Höcklage, der gesamte Komplex mit seinen 30 Turbinen läuft mit 350 Megawatt brüllend jenseits der Belastungsgrenze.

23.06 Uhr:
In der taghell erleuchteten Siedlung Önkelstieg erwacht Studentin Bettina U. und freut sich irrtümlich über den sonnigen Novembermorgen. Um genau 23.12 Uhr betätigt sie den Schalter ihrer Kaffeemaschine.

23.12 Uhr und 14 Sekunden:
In die plötzliche Dunkelheit des gesamten Landkreises Stenkelfeld bricht die Explosion des Kohlekraftwerks Sottrup-Höcklage wie Donnerhall. Durch die stockfinsteren Ortschaften irren verwirrte Menschen, Menschen wie du und ich, denen eine Kerze auf dem Adventskranz nicht genug war.

Oh, du fröhliche ...!

Kirchlicher Vorschuss

Ein Pfarrer am Ende seiner Predigt zur Christvesper: „Wir wünschen allen frohe Festtage. Und denen, die erst wieder zum nächsten Weihnachtsgottesdienst kommen, jetzt schon ein gutes neues Jahr, frohe Ostern, ein glückliches Pfingstfest und einen erholsamen Urlaub."

Star Wars – nächste Generation?

Der Herrnhuter Stern hängt in unserer Gemeinde. Ein kleiner Junge fragt: „Ist das ein Teil von der Keule aus Star Wars?"

Leise rieselt der Schnee ...

Ein Kind liest zur Weihnachtsfeier die Weihnachtsgeschichte vor und verliest sich: „Und die Schätzung war die allererste und geschah zu der Zeit, da Quirinius Statthalter in Sibirien war ..."

Weihnachtsgeschichte ohne der - die - das

ab 2 Personen
ab 8 Jahren
ca. 5-10 Minuten
Charakter: interessant, kniffelig, starke Konzentration ist nötig, kein Wettbewerb
Material: –

Eure Aufgabe ist es, spontan eine Weihnachtsgeschichte zu erfinden und zu erzählen. Das Problem ist nur, die Worte „der", „die" und „das" dürfen in der Geschichte nicht vorkommen. Verspricht sich jemand, ist der Nächste dran. Wenn Leute nie Fehler machen, bekommen sie die Aufgabe, die Geschichte schneller zu erzählen, ohne sich zu stark auf „der, die, das" konzentrieren zu können. – Aber Ohren gespitzt und aufgepasst, dass euch nichts entgeht!

Die Angst des Herodes

Karneval ist ein heidnisches Fest. Für viele Christen ist es deshalb selbstverständlich, nicht mitzumachen bei Maskenball, Umzügen, Schunkeln, Essen, Saufen und Seitensprüngen. Karneval ist für Politik und gesellschaftliches Leben bei uns unerlässlich geworden, als Ventil für angestauten Unmut und erlebte Frustration und als Möglichkeit, all das zu tun, was „man" sonst nicht tut – aus moralischen Gründen. Karneval entspricht unserem Bedürfnis, alle Regeln durchbrechen zu dürfen, wenigstens einmal im Jahr. Damit erfüllt das anscheinend sinn- und zwecklose karnevalistische Treiben eine wichtige Funktion in unserer Gesellschaft.

Weihnachten ist ein christliches Fest. Es vereint Christen und Nicht-Christen durch Weihnachtsbäume, Kerzen, verkaufsoffene Samstage und Wohltätigkeitsaufrufe. Weihnachten hat sowohl für die Geschäftswelt und die gesamte Wirtschaft unseres Landes als auch für das gesellschaftliche Leben (Weihnachtsfeiern verbessern das Betriebsklima, kleine Geschenke erhalten die Freundschaft) eine große Bedeutung. Weihnachten entspricht unserem Bedürfnis nach festlicher Stimmung, nach der Möglichkeit, durch Weihnachtseinkauf, Geschenke, Dekoration und Spenden Harmonie herzustellen. Und es entspricht dem Bedürfnis der Geschäftswelt, die Bevölkerung zu Höchstleistungen im Kaufen und Konsumieren zu bewegen.

Weihnachten ist ebenso wie Karneval ein Fest, das sich hervorragend in unsere von Materialismus und Anspruchsdenken geprägte Umwelt einpasst. Es gibt kein Fest, welches unsere Wirtschaft bestimmendes Kaufen und Verkaufen so gut zum Ausdruck bringt, ja den darin enthaltenen Materialismus feiert und ihn dazu noch religiös überhöht und umrahmt. Wenn es Weihnachten nicht gäbe, müsste es erfunden werden. In Japan jedenfalls gibt es ein Fest, das nach ähnlichen Regeln wie Weihnachten gefeiert wird, nur als Neujahrsfest und ohne christlichen Hintergrund.

Weihnachten ist, wie wir es heute feiern, ein Fest unserer materialistischen Gesellschaft, das sich religiöser Symbole, religiöser Lieder und religiöser Sprache bedient. Die materiellen Werte selbst bekommen religiösen Charakter, werden zum Religionsersatz. Sehnsucht nach Geborgenheit und Harmonie wird durch Kerzen und Geschenke zu stillen versucht, auf den Wunsch nach einem guten Gewissen geben Wohltätigkeitsveranstaltungen und „Brot für die Welt" die passende Antwort.

Der Heiligabend-Gottesdienst ist das Tüpfelchen auf dem I des Weihnachtsrummels. Er zählt zur religiösen Umrahmung wie das Krippenspiel und der Gesang der Regensburger Domspatzen. Die Kirche hat sich die Regie für das Weihnachtsfest aus der Hand nehmen lassen und veranstaltet nunmehr das Rahmenprogramm. Was nutzt es, wenn man sich am Heiligabend, zu einer Zeit, zu der das Weihnachtsgeschäft gelaufen ist, bei altbekannten Liedern und Kerzenschein von der Hektik entspannt und das gute Essen zu Hause wartet, wenn dann von den Kanzeln die Weihnachtsbotschaft als Gegensatz zu Konsum und religiöser Berieselung verkündet wird?

Längst erscheinen uns die Szenen der biblischen Weihnachtsgeschichte, nachdem wir sie Jahr für Jahr mit dem Blick auf den Tannenbaum und in Erwartung des Geschenksegens gehört haben, sehr romantisch. Armut und Obdachlosigkeit, in die hinein Jesus geboren wurde, werden verklärt. Die Hirten, in der damaligen Zeit ein verrufener Berufsstand, haben heute Heiligenscheine, und die Flucht von Maria, Josef und Jesus, die mit Todesangst, Hunger und Stress verbunden war, erscheint uns als wunderbare Reise auf dem Rücken eines Esels. Das ursprüngliche Weihnachten geschah in einem besetzten Land, in dem es weder Edeltannen noch Lebkuchen gab.

Mit der Geburt Jesu war kein Geschäft zu machen. Man befürchtete, dass Jesus die ökonomischen und politischen Verhältnisse durcheinander bringen könnte. Der größte Geschäftemacher von Gnaden der römischen Besatzungsmacht, Herodes, versuchte Jesus deshalb schon als Kind umzubringen. Weil Gott Mensch wurde, weil der Mächtige sich zu den Machtlosen gesellte, bekamen die Mächtigen Angst. So rabiate Mittel wie damals müssen heute nicht mehr angewandt werden, um Jesu Botschaft zu unterdrücken. Sie wird zugedeckt mit Werbung, Videospielen und elektrischen Lichterketten, aber auch heute gefährdet diese Botschaft die Herrschaft der Mächtigen, die sich auf materiellen Werten gründet.

Jesus vertrieb die Geschäftemacher, die mit der Vermischung von Glauben und Geschäft Geld machen wollten, aus dem Tempel (Matthäus 21,12-17). In Bezug auf unser Weihnachten hätte Jesus da viel zu tun. Mir selbst liegt es deshalb sehr nahe, den Weihnachtsrummel einfach aus der Kirche werfen zu wollen, einen christlichen Boykott des verunstalteten Weihnachten zu fordern und Weihnachten wie Karneval zu einem heidnischen Fest zu erklären. Vielleicht könnte man das christliche Weihnachten, die Menschwerdung Gottes, einfach an einem anderen Termin feiern, ohne Rummel.

Andererseits denke ich aber, dass Jesus so nicht handeln würde. Er hat, lange bevor er die Geschäftsleute als Zeichen der Radikalität seiner

Botschaft aus dem Tempel trieb, gerade auch mit diesen Leuten gesprochen, gegessen und gefeiert. All denen, die nach einer Erfüllung ihres Lebens durch materielle Dinge gesucht haben, hat er gepredigt: „Trachtet zuerst nach dem Reich Gottes, dann wird euch alles andere zufallen." Gottes frohe Botschaft hat die Menschen deshalb erreicht und verändert, weil er selbst Mensch wurde und mitten unter den Menschen gelebt hat. Die Gegenwart Gottes und seine Liebe verändern. Dass er bei den Menschen ist, ist eine Antwort auf die Bedürfnisse der Menschen, die sie mit Veranstaltungen wie Karneval und Weihnachten zu befriedigen suchen. Vielleicht würde Jesus heute mitten im Weihnachtsrummel in der Fußgängerzone stehen und deutlich machen, was Weihnachten bedeutet.

Rolf Zwick

Wollknäuelgeschichte

ab 8 Personen
ab 10 Jahren
ca. 5-15 Minuten
Charakter: spannend, interessant, kniffelig, ruhig, kommunikativ, kein Wettbewerb
Material: Wollknäuel

Dieses Spiel ist gut geeignet für Gruppen, die sich noch nicht oder wenig kennen oder auch für Personen, die etwas scheu und schüchtern sind. Ihr sitzt im Kreis, einer von euch hat ein dickes Wollknäuel in der Hand und er „spinnt" eine Weihnachtsgeschichte. Wenn er nicht mehr will oder kann, wirft er anschließend das Wollknäuel einem anderen Mitspieler zu und hält den Anfang des Wollfadens in der Hand. Der Nächste erzählt jetzt weiter und wirft auch irgendwann das Wollknäuel einem anderen zu, hält aber ebenfalls den Faden fest, der zu ihm rüberreicht. Im Laufe der Zeit entsteht ein großes Netzwerk.

Spielvariante:

- Man kann später auch rückwärts spielen, indem man den Faden wieder aufwickelt.
- Das Spiel eignet sich auch gut zum Kennenlernen in fremden Gruppen, statt eine fortlaufende Geschichte zu erzählen, kann man der

Person, der man die Wolle zuwirft, Fragen stellen oder von seinen Träumen, Wünschen und Visionen sprechen, z. B. „Was ist dein Lieblingsessen zu Weihnachten?" – „Was bedeutet dir Weihnachten?" – „Über welches Geschenk hast du dich bisher am meisten gefreut?" – „Wie würdest du am liebsten Heiligabend feiern?" – „Was magst du an der Weihnachtszeit/was nicht?" usw.

Das Original

Nimm dir eine Bibel und ergänze die fehlenden Worte

Zu jener Zeit ordnete Kaiser ______________ an, dass alle Bewohner des römischen Reiches in Steuerlisten erfasst werden sollten. Es war das erste Mal, dass so etwas geschah. Damals war Quirinius ______________ der Provinz Syrien. So zog jeder in die Heimat seiner Vorfahren, um sich dort eintragen zu lassen.

Auch Josef machte sich auf den Weg. Von ______________ in Galiläa ging er nach ______________, das in Judäa liegt. Das ist der Ort, aus dem König David stammte. Er musste dorthin, weil er ein Nachkomme Davids war.

______________, seine Verlobte, ging mit ihm. Sie erwartete ein Kind. Während des Aufenthaltes in ______________ kam für sie die Zeit der Entbindung. Sie brachte einen Sohn zur Welt, ihren Erstgeborenen, wickelte ihn in ______________ und legte ihn in eine ______________ im Stall. Eine andere Unterkunft hatten sie nicht gefunden.

In der Gegend dort hielten sich Hirten auf. Sie waren in der Nacht auf dem Feld und bewachten ihre Herde. Da kam ein Engel des Herrn zu ihnen und die Herrlichkeit des Herrn umstrahlte sie. Sie fürchteten sich sehr; aber der Engel sagte: „Habt keine ______________! Ich bringe euch eine gute Nachricht, über die sich ganz Israel freuen wird. Heute

wurde in der Stadt Davids euer Retter geboren – Christus, der Herr! Geht und seht selbst: Er liegt in ______________ gewickelt in einer ______________ – daran könnt ihr ihn erkennen!"
Plötzlich stand neben dem Engel eine Schar anderer Engel, die priesen Gott und riefen: „Alle Ehre gehört Gott im Himmel! Sein Friede kommt auf die Erde zu den Menschen, weil er sie liebt!"
Als die Engel in den Himmel zurückgekehrt waren, sagten die Hirten zueinander:
„Kommt, wir gehen nach ______________ und sehen uns an, was da geschehen ist und was Gott uns bekannt gemacht hat!" Sie brachen sofort auf, gingen hin und fanden Maria und Josef und das Kind in der ______________. Als sie es sahen, berichteten sie, was ihnen der Engel von dem Kind gesagt hatte. Alle, die dabei waren, staunten über das, was ihnen die ______________ erzählten.

Die fehlenden Worte findest du in: Die Bibel in heutigem Deutsch (Lukas 2,1-18)

Kerze mit Korken löschen

ab 2 Personen
ab 8 Jahren
ca. 5-10 Minuten
Charakter: spannend, kniffelig, etwas witzig, starker Wettbewerb
Material: 2 Korken – 2 Seile – 2 Kerzen

Binde an ein Seilende einen Flaschenkorken und steck dir das andere Seilende hinten in die Hose, sodass der Korken zwischen den Beinen hin- und herwedeln kann. Achte darauf, dass das Seil nicht zu kurz und nicht zu lang ist. Eine nicht zu hohe Kerze wird auf einen Unterteller „festgewachst", sodass sie nicht umfallen kann. Jetzt stellst du dich breitbeinig über den Teller und versuchst mit dem Korken die Kerze zu löschen. Das Gleiche macht eine zweite Person. Wer von euch beiden hat als Erster die Kerze gelöscht?

Miese Feier

Meine Geburtstagsfeier in diesem Jahr war ein totaler Reinfall. Dabei hatte ich mich so darauf gefreut! Und es sah auch zunächst so aus, als würde es ein tolles Fest geben. Schon Wochen vorher haben sich die Leute vorbereitet, Geschenke besorgt, sich fein gemacht, gebacken und geheimnisvoll mit Geschenkpapier geraschelt.

Und dann war es endlich so weit. Sie kamen, und wie viele; die Hände voller Geschenke. Sie klingelten an der Haustür; ich raus in den Korridor und die Türe auf. Aber dann, dann kam der Reinfall.

Sie schoben sich an mir vorbei ins festliche Zimmer; sie freuten sich, da zu sein, sie lachten und umarmten sich – aber mich beachtete keiner. Ich hatte noch nicht ganz begriffen, was da eigentlich lief, da knallten sie die Tür ins Schloss, und ich stand draußen. Ich hörte sie dann noch lange im Haus lachen und feiern, aber ich kam mir dabei reichlich blöd vor; denn eigentlich war es doch *mein* Geburtstag.

Richtig Weihnachten feiern heißt: sich auf Jesus konzentrieren, der gekommen ist, weil Gott uns nicht draußen stehen lassen wollte.

Rudolf Horn

Schokolade erwürfeln

ab 4 Personen
ab 6 Jahren
ca. 10-20 Minuten
Charakter: spannend-witzig, interessant, etwas verrückt, starker Wettbewerb
Material: Messer – Gabel – Mütze – Schal – dicke Handschuhe – gut eingepackte Tafel Schokolade

Dieses Spiel ist schon so alt, dass es für manche schon wieder ganz neu ist.
Die Spieler sitzen um einen Tisch. Die erste Person bekommt eine Mütze auf den Kopf, einen Schal um den Hals und dicke Handschuhe an. Mit Messer und Gabel muss diese Person versuchen, eine Tafel Schokolade, die in mehreren Lagen Zeitungspapier eingepackt und mit Bindfaden fest verschnürt und verknotet ist, „freizuschaufeln" und dann zu essen. Natürlich muss sie vorher versuchen, das Seil zu entknoten oder durchzuschneiden, bevor sie an die Schokolade rankommt. Und das alles mit dicken Winterhandschuhen. Die Schokolade darf nicht mit den Fingern zum Mund geführt werden, nur mit der Gabel! So weit, so gut. Aber jetzt kommt's: Während die erste Person sich über die verpackte Schokolade hermacht, versucht die zweite Person mit einem Würfel eine „6" zu würfeln. Drei Versuche hat jeder. Wer

keine „6" erwürfelt, gibt den Würfel an die nächste Person weiter, die wiederum dreimal würfeln muss usw. Würfelt jemand eine „6", bekommt diese Person sofort die Mütze auf, Schal um, Handschuhe an, Gabel und Messer in die Hand und die Tafel Schokolade vorgesetzt und macht da weiter, wo die erste Person aufgehört hat. Das Spiel geht so lange, bis die Schokolade weggeputzt ist.

„Mach's wie Gott!"

„Mach's wie Gott, werde Mensch" – auch mit diesem Schild stehe ich manchmal auf der Straße, um mit Menschen ins Gespräch zu kommen, dass wir diesem Jesus ähnlicher werden sollen. Er ist der Prototyp Mensch, so wie sich Gott eigentlich Menschsein vorgestellt hat. Und die Ausstellung des Prototypen Mensch fand in einer Krippe statt.

Dieser Mensch gewordene Gott sagt von sich: „Ich bin der Weg, die Wahrheit und das Leben" – und wo landet er mit seiner Philosophie? Am Kreuz! – das ist doch kein Weg, noch nicht mal ein Ausweg, das ist doch eine Sackgasse! Das Kreuz ist doch nicht das Leben, das ist doch der Tod! Und das ist erst recht nicht die Wahrheit! Hat er uns belogen? Er hat doch seinen Jüngern vom Reich Gottes erzählt, vom wahren Leben, vom Wasser, das nie mehr durstig macht, vom Lebensbrot. Aber darin unterscheidet sich eben die Logik des Menschen von Gottes Logik. Der Mensch verkauft nach vorne Leben und Lebensqualität und hinten kommt der Tod raus: kaputte Ehe, abgetriebene Kinder, eine zerstörte Natur, zerbrochene Beziehungen. Und Gott? Der stirbt vorne, geht vor unseren Augen am Kreuz kaputt, damit wir Leben haben, das über den Tod hinaus Bestand hat. Dass wir endlich beginnen können zu leben und nicht mehr nur vegetieren und existieren. Die Wahrheit wird euch freimachen, hat Jesus gesagt. Sie wird uns freimachen von der Lüge, von der Weihnachts-Lüge auf Weihnachtsfeiern, -märkten,

-konzerten. Sie wird uns freimachen von diesem Weihnachts-Jesus, der nur für vier Wochen zuständig ist, und freimachen für den Bibel-Jesus, der 52 Wochen im Jahr zuständig ist für das Leben, der in guten und schlechten Zeiten erreichbar ist. Aber ich befürchte, dass sie diese Wahrheit nicht hören wollen, Jesus wollten sie schon bei der Geburt nicht richtig, mit knapper Not hat er ein Quartier bekommen, und nach 33 Jahren wollten sie ihn auch nicht, da haben sie ihn ans Kreuz genagelt. Ob sie sich von ihm auf dem Weihnachtsmarkt die Wahrheit sagen ließen? Ich glaube kaum.

Der Oberförster und die Waldameisen

Kam der Oberförster in den Wald und sah, dass seine Ameisen auf Wanderschaft zu einem großen Gebirgsbach waren. Er hatte Angst um sie, dass sie in den Tod liefen, schließlich waren sie für die Ökologie des Waldes unabdingbar. So stellte er der ersten Ameise seinen Fuß in den Weg, um sie zu „bremsen". Doch die Ameise wusste damit nichts anzufangen und lief darüber weg. Für sie war „Fuß" etwas Unbekanntes und in der Größe auch etwas Bedrohliches, schließlich waren ihre Gehwerkzeuge ganz anderer Art und viel überschaubarer. Der Oberförster geriet in Panik und merkte, dass die Ameisen nicht verstanden, was er bezwecken wollte. Er legte einen großen Stein auf den Weg, um ihn weiter abzusperren. Doch auch der Stein hinderte die Ameisen nicht daran, ihren Weg zum Bach – in den Tod – fortzusetzen (sie wussten ja noch nicht, dass sie auf den Tod zuliefen ...). Sie wunderten sich nur, dass es plötzlich kalt unter ihren Füßen wurde, bedingt durch den großen Stein, und sie einen „Umweg" laufen mussten.

Da sah der Oberförster keinen weiteren Ausweg mehr, um seine Ameisen vor dem Ertrinken zu retten, als selbst Ameise zu werden. Sofort spricht er die erste Ameise an: „Stopp, bleib stehen! Ich bin der Oberförster und habe die Übersicht. Wenn ihr hier weiterlauft, lauft ihr direkt in den Bach und somit in den sicheren Tod."

„Ha, ha", lachten da einige Ameisen. „Du bist eine Ameise wie wir und nicht der Oberförster, das ist doch nun ganz eindeutig zu sehen."
„Doch, ihr müsst mir glauben, ich will doch nur euer Bestes."
„Du spinnst ja!", sagten ihm da die Ameisen.
„Nein, ich will euer Leben retten und euch den richtigen Weg zeigen! Habt ihr nicht gemerkt, dass ich euch meinen Fuß vorgesetzt habe und euch einen Stein in den Weg gelegt habe?"
„Du behinderst uns, legst uns Steine in den Weg, stellst uns deinen Fuß in den Weg und willst uns retten und helfen? Sag mal, du verkaufst uns ja das ‚schwarz' für ‚weiß', und nur weil wir Ameisen sind, fallen wir noch lange nicht darauf rein."
„Doch, ihr müsst mir glauben. Ich bin zwar eine Ameise, aber eigentlich bin ich der Oberförster. Ich habe ja keine andere Wahl gehabt, als Ameise zu werden, weil ihr auf keine andere Art mich verstehen könnt. Wenn ihr mir folgt, führe ich euch in Sicherheit, ihr müsst nur einfach hinter mir hergehen." Einige der Ameisen glaubten ihm und gingen ihm hinterher, aber nicht unwesentlich wenige ignorierten die Ameise, die ja eigentlich der Oberförster war, und sie liefen in den sicheren Tod.
Gott wurde Mensch, wurde Jesus. Gott hatte keine andere Wahl, mit uns zu kommunizieren. Von Mensch zu Mensch, auf gleicher Ebene. Er kam, um uns vor dem Tod zu bewahren. Wurde klein, um uns zu retten. Alle scheinbaren „Behinderungen" Gottes (nachzulesen im Alten Testament) hatten nicht das Ziel, uns zu ärgern, zu stören und zu behindern, auch wenn sie vordergründig so aussahen und wirkten. Sie hatten das Ziel, uns wach zu machen für die Realität, uns zu retten vor dem Tod.

Ich wünsche mir zu Weihnachten ...

ab 4 Personen
ab 8 Jahren
ca. 5-15 Minuten
Charakter: starke Konzentration nötig, kein Wettbewerb
Material: –

Noch ein uraltes, aber beliebtes Spiel. Es soll aber immer noch Leute geben, die durch vermehrten Computereinsatz dieses Spiel gar nicht mehr kennen. Und so funktioniert es: Ihr sitzt im Kreis. Der Erste sagt: „Ich wünsche mir zu Weihnachten – ein paar Skier." Der zweite und alle anderen Spieler müssen immer mit dem Satz beginnen: „Ich wünsche mir zu Weihnachten ..." Danach müssen sie alle Gegenstände der Spieler, die vor ihnen dran waren, in der richtigen Reihenfolge aufzählen und zum Schluss noch einen eigenen Gegenstand nennen. Wer die Gegenstände in der falschen Reihenfolge aufzählt oder auch, wer seinen eigenen Gegenstand vergisst, scheidet aus.

Vermeiden Sie
den Weihnachts-Ansturm
und kommen Sie schon jetzt
in unsere Kirche!
Freuen Sie sich nicht erst
zu Weihnachten, dass
Christus geboren ist!
Freuen Sie sich
schon jetzt darüber!
?
JÖRG
2001

Oh, du fröhliche …!

Schulaufsatz

Aus einem Schulaufsatz:
„Als Kind lag Jesus mit einer Grippe im Stall."

Geburtsanzeige

Die junge Mutter will ihrer Freundin anzeigen, dass sie einen Sohn zur Welt gebracht hat, und mailt: „Jesaja 9,5." Dort heißt es: „Uns ist ein Kind geboren, ein Sohn ist uns gegeben."
Die Freundin, nicht ganz so bibelfest, sagt zu ihrem Mann: „Müllers teilen uns mit, dass sie einen Sohn bekommen haben, der neuneinhalb Pfund wiegt. Aber wie sie nur auf den altmodischen Namen Jesaja gekommen sind, das ist mir schleierhaft."

Blondinenwitz

Eine Blondine fragt: „Wann ist dieses Jahr Heiligabend?" „An einem Freitag." – „Oh. Hoffentlich nicht am Freitag, den 13."

Christmastime

When the last Kalender-sheets
flattern trough the winterstreets
and Dezemberwind is blowing,
then ist everybody knowing
that it is not allzu weit:
she does come – the Weihnachtszeit.

All the Menschen, Leute, people
flippen out of ihr warm Stüble,
run to Kaufhof, Aldi, Mess,
make Konsum and business.
Kaufen this und jene things
and the Churchturmglocke rings.

Manche holen sich a Taennchen,
when this brennt, they cry „Attention".
Rufen for the Feuerwehr:
„Please come quick to loeschen her!"
Goes the Taennchen off in Rauch,
they are standing on the Schlauch.

In the kitchen of the house
mother makes the Christmasschmaus.
She is working, schufts and bakes

the hit ist now her Joghurtkeks.
And the Opa says als Tester:
„We are killed bis to Silvester."
Then he fills the last Glas wine –
yes, this is the christmastime!

Day by day does so vergang,
and the Holy night does come.
You can think, you can remember,
this is immer in Dezember.
Then the childrenlein are coming
candle-Wachs is abwaerts running.
Bing of Crosby Christmas sings
while the Towerglocke rings
and the angels look so fine –
well this ist the Weihnachtstime.

Baby-eyes are big and rund,
the family feels kerngesund
when unterm Weihnachtsbaum they're hocking
then nothing can them ever shocking.
They are so happy, are so fine –
this happens in the Christmastime!

The animals all in the house,
the Hund, the Katz, the bird, the mouse,
are turning round the Weihnachtsstress,
enjoy this day as never nie,
well they find Kittekat and Chappi
in the Geschenkkarton von Pappi.
The family begins to sing
and wieder does a Gloeckchen ring.

Zum song vom gruenen Tannenbaum
the Traenen rennen down and down.
Bis our mother ploetzlich flennt:
„The christmas-Gans im Ofen brennt!"
Her nose indeed is very fine.
End of the Weihnachtstime.

Rückenwünsche

ab 2 Personen
ab 8 Jahren
ca. 5-10 Minuten
Charakter: etwas kniffelig, ruhig, kein Wettbewerb
Material: –

Immer zwei Personen tun sich zusammen. Einer schreibt seinem Partner mit dem Finger auf den Rücken (denk dir, dein Zeigefinger wäre ein Stück Kreide und der Rücken deines Partners wäre eine Tafel), was er sich zu Weihnachten gewünscht hätte, wenn Geld keine Rolle spielen würde. Wenn dein Spielpartner es nicht rausbekommt, schreibst du es noch zweimal auf den Rücken. Wenn er es dann immer noch nicht rausbekommen hat, liegt es sicher an deiner Sauklaue. Du solltest während der Winterferien Schönschreiben üben …
Jetzt wechselt ihr die Plätze, die andere Person kann sich jetzt auf deinem Rücken verwirklichen.

Der Weihnachtsbaum

Den Weihnachtsbaum Menschheit
mit Zündschnur behängt!
Es glitzert das Waffenlametta.
Das hat zwar die Äpfel und Nüsse verdrängt,
doch manchem gefällt es so besser.

Schlanksilbrige Zapfen
am besten hierher!
Den bombigsten Baumschmuck von allen.
An seidenen Fäden, die Sprengkraft wiegt schwer.
In Japan sind zwei schon gefallen.

Und wärmende Kerzen
von kerniger Kraft!
Und schau, wie todsicher sie strahlen.
Die glühenden Stummel? Beiseite geschafft!
Das sollen die Enkel bezahlen.

Es werden nicht Kosten
noch Mühen gescheut,
sich hochtechnologisch zu schmücken.
Wir seh'n die Bescherung, und doch will uns heut
der staunende Jubel nicht glücken.

Bevor nun der Weihnachtsbaum
Menschheit verbrennt
und wir uns die Hölle anheizen,
kommt der, der die Pläne des Bösen schon kennt.
Er kommt. Und er wird sie durchkreuzen!

Andreas Malessa

Geschenke raten mit einem Eingeweihten

Familienbereich
ab 4 Personen
ab 8 Jahren
ca. 5-10 Minuten
Charakter: kniffelig-spannend, etwas verrückt, kein Wettbewerb
Material: für jeden Mitspieler Papier und Stift

Ob wirklich jemand dieses Spiel am Heiligen Abend spielt? Das geht nur in einer etwas größeren Runde und mit Oma, Opa, Tante, Onkel und „20 Geschwistern".

Jeder schreibt auf einen kleinen Zettel den Gegenstand, den er sich zu Weihnachten gewünscht hat. Anschließend wird der Zettel gefaltet und alle Zettel werden in einem kleinen Karton eingesammelt. Der Spielleiter tut so, als wenn er seinen Zettel einwirft, behält ihn aber heimlich für sich und steckt ihn später in die Tasche. Jetzt sagt der Spielleiter, dass er, ohne die Zettel vorher gesehen zu haben, genau weiß, was auf ihnen steht. Er nimmt einen Zettel aus dem Karton, öffnet ihn nicht, hält ihn in der Hand und tut so, als wenn er versucht herauszubekommen, was auf dem Zettel steht. Nach einer Weile sagt er, dass auf dem Zettel „Bumerang" steht, und fragt in die Runde: „Hat sich jemand einen Bumerang gewünscht?" Marcel, der vor dem Spiel eingeweiht wurde, tut ganz überrascht und sagt: „Ja, ich habe mir einen Bumerang gewünscht, wie hast du das denn rausbekommen?" –

„Nun, das ist mein Geheimnis", sagt der Spielleiter. Jetzt öffnet er den Zettel in seiner Hand und bestätigt den anderen: „Ja, genau, hier hat Marcel ‚Bumerang' geschrieben." In Wirklichkeit steht aber auf diesem Zettel nicht „Bumerang", sondern ein Gegenstand, den ein anderer aufgeschrieben hat, z. B. „Inlineskater". Diesen Gegenstand merkt der Spielleiter sich. Nun zieht er einen zweiten Zettel, lässt ihn verschlossen und versucht ihn zu „entschlüsseln". Nach einer kurzen Weile sagt er: „Auf diesem Zettel steht ‚Inlineskater' drauf. Hat sich jemand diese gewünscht?" Eine Person, die dies geschrieben hat, ist ganz verwirrt und erstaunt, dass der Spielleiter das rausbekommen hat (sie musste nicht eingeweiht werden). Wieder „überprüft" der Spielleiter jetzt den gefalteten Zettel, liest laut „Inlineskater" vor, in Wirklichkeit liest er den nächsten Gegenstand usw. Ganz Schlaue werden vielleicht verlangen, dir einen „überprüften" Zettel zu zeigen, ob das wirklich draufsteht, was du sagst, aber das darfst du natürlich nicht zeigen, sonst würde der Trick ja bekannt. Zum Schluss soll jeder versuchen rauszubekommen, worin der Trick lag. Wenn ihn keiner rausbekommen hat, kannst du ihn ja den anderen verraten.

Die Geschenke, die wir uns zu Heiligabend schenken, sind ja eigentlich nur ein Zeichen und Symbol, welches Geschenk Gott uns in Jesus gemacht hat. Um den Wert und den Sinn eines Geschenkes wirklich zu verstehen, muss ich es ja auspacken. Keiner lässt sein Geschenk unausgepackt in der Ecke stehen. Nur bei dem Geschenk „Jesus", da machen wir das. Den Jesus lassen wir in der Ecke verstauben und sagen dann noch: „Och, der macht keinen Spaß", bevor wir ihn wirklich „ausgepackt" und ent-deckt haben. Meine Eltern haben Heiligabend immer eine Decke über die Geschenke gelegt, und irgendwann durften wir die Decke lüften, die Geschenke ent-decken. Auch Jesus möchte von uns ent-deckt werden, das Geheimnis Gottes in Jesus sollen wir kennen lernen. Und je mehr ich diesen Jesus ent-decke, desto mehr lerne ich seine Liebe kennen, seine Geborgenheit und bedingungslose Annahme.

Euch ist heute der Retter geboren

Ich gebe zu. Ich genieße diese Zeit vor Weihnachten. Der Rummel passt ganz gut zu Weihnachten, finde ich – ich meine zu dem Weihnachten damals vor 2000 Jahren.

Als Jesus geboren wurde, jagte der römische Kaiser Augustus wegen seiner verrückten Volkszählung die Bevölkerung kreuz und quer durchs Land. Der Kaiser hatte die gleichen Probleme wie der Finanzminister Eichel: Er hatte zu viele Löcher in der Staatskasse. Es drehte sich schon damals alles ums Geld. Und da hört ja meistens die Gemütlichkeit auf.

Was mich an dem Weihnachtsklimbim allerdings sehr stört, ist der süßliche Kitsch mit Engelein und putzigem Christkindchen im lockigen Haar und so.

Rummel und Ungerechtigkeit, Sorgen und Ärger gab's damals jede Menge, aber keine süßliche Eia-popeia-Stimmung.

- Stress um die Schwangerschaft. Joseph musste seine Frau entweder verklagen oder sich durch stille Vereinbarung von ihr trennen, weil sie schwanger war, ohne mit Joseph geschlafen zu haben. Keine Familienidylle.

- Herodes wollte Jesus umbringen lassen, weil er sich in seiner Macht bedroht fühlte. Abgrundtiefe Grausamkeit verbanden die Juden mit dem Namen Herodes. Keine Glühweinstimmung.
- Ein Engel des Herrn erschien dem Joseph und rät ihm, samt Familie nach Ägypten zu fliehen. Kein trautes Heim – Glück allein.
- Als die Engel den Hirten erschienen, packte die hart gesottenen Hirten Furcht und Zittern. Kein spirituelles engelhaftes Glücksgefühl.

Gott wird als Mensch geboren, um uns aus unserem Schlamassel zu retten. Die Eltern finden kaum ein Quartier. Die Geburt findet in einem Stall statt.

- Und das war kein Stall aus dem Bastel-Set von Tchibo oder von Playmobil.
- Das war auch kein euro-genormter Stall, mit artgerechter Tierhaltung,
- das war eine Höhle in Fels geschlagen, weil es da erträglicher war für Mensch und Tier bei 40 Grad im Schatten.

Der Fresstrog muss als Wiege herhalten. Da gab's keinen Räuchermännchen-Geruch – kein bisschen Idylle. Stress – ganz wie in unserem Leben. Jeder soll kapieren, dass Gott ihn in seiner Alltagswelt treffen will.

„Euch ist heute der Retter geboren." So heißt die Weihnachtsbotschaft. Nur wenn wir Jesus mit unseren Alltagsdingen in Beziehung setzen, erfahren wir, dass er rettet.

Geschenke-Parcour

Familienbereich
ab 2 Personen
ab 6 Jahren
ca. 5-30 Minuten
Charakter: etwas verrückt, witzig, spannend, interessant, kein Wettbewerb
Material: diverse Vorbereitungen (siehe unten)

Wie wär's mal mit einer Geschenke-Ralley zum Geburtstag oder für den nächsten Heiligen Abend?! Du suchst dir verschiedene Stellen im und außer Haus, bei denen du kleine Vor-Geschenke oder auch nur Zettel verstecken bzw. anbringen kannst. Das Geburtstagskind wird durch das Haus, den Garten und Keller und die Garage gejagt auf der Suche nach dem gewissen Etwas, und alle Familienmitglieder oder Geburtstagsgäste begleiten dich.

1. Zettel an der Kaffeemaschine: „Den nächsten Zettel findest du am Schlüsselbrett."
2. Schlüsselbrett: „Im Auto wartet eine kleine Überraschung für dich."
3. Am Lenkrad kleben eine kleine Süßigkeit und ein Zettel: „Im Innendeckel der Altpapiertonne solltest du mal nachschauen ..."

4. Altpapiertonne: „Such im Keller einen Luftballon, lass ihn platzen und iss auf, was in ihm steckt."
5. Im Keller liegt ein aufgeblasener Luftballon, in ihm stecken ein paar Erdnüsse, am Luftballon klebt ein Zettel: „Im Eisfach des Kühlschranks wartet eine heiße Überraschung auf dich."
6. Kühlschrank: „Gutschein für eine heiße Tasse Kakao mit Sahne – weiter geht's am Briefkasten."
7. Briefkasten: „Geh zum Schlüsselfach, hol den Schlüssel und schließe auf."
8. Im Briefkasten liegen ein kleines verpacktes Geschenk und ein Zettel: „Unter dem Wohnzimmertisch geht's weiter."
9. Wohnzimmertisch: „Stell dich vor Mamis Bett, sing ein Lied und dann lüfte die Bettdecke."
10. Unter der Bettdecke – hier liegt das eigentliche Geschenk.

Weihnachtspost vom Finanzamt

Briefabsender:
Innenministerial-Finanzfahndungs-Oberamtskreis-Sekretär
Franz Xaver Pingelmann
Jerusahausen
Abt. Anträge, Beglaubigungen und vierfache Durchschläge

Briefempfänger:
Unterkommunal-Sachbearbeiter
Gustl Gscheidmayr
Bürgermeisteramt Bethleheim

Betreff: M., J. und Kind

Die Ortsbegehung des Anwesens Flur 24/12/00, ausgewiesen als landwirtschaftlicher Nutzraum, hat die offensichtlich spontane Zweckentfremdung infolge Inbetriebnahme als Hotelgewerbe ohne entsprechende Anmeldung oder Umsatzsteuer-Voranmeldung ergeben. Nicht nach EU-Norm kontrollierter und insofern BSE-verdächtiger Tierbestand – hier: Ochs und Esel – fand sich neben einer die innere Sicherheit und den sozialen Frieden gefährdenden Asylantenflut von drei Personen. Bei dem Mann, der Frau und ihren eventuell eigenen Neugeborenen – vor allem der Vater macht dazu uneindeutige Aussagen – handelt es sich angeblich um eine nicht-eheliche Lebensgemeinschaft, vermutlich jedoch eine Scheinehe zum Zwecke des Bethleheim-Aufenthalts der Frau. Für das Neugeborene konnten die Stallbesetzer weder eine Geburtsurkunde noch den Nachweis einer kinderärztlichen U1-Untersuchung vorweisen, ebenso fehlten Mutterpass und Kran-

kenversicherungskarte der Gebärerin. Auf unzivilisierte Sitten im Herkunftsland deutet auch der Umstand hin, dass die Eltern ihr Kind gewohnheitsmäßig in einem Futtertrog halten.
Eine Gruppe landwirtschaftlicher Leiharbeiter ignorierte die Aufforderung, ihre Lohnsteuerkarten vorzuzeigen, und verweigerte die Auskunft, ob ihr Nachtarbeitszuschlag versteuert ist. Stattdessen gaben die Leiharbeiter beglückt „Engelgesang" zu Protokoll. Daraufhin veranlasste Blut- und Urinproben zur Feststellung von Dopingmitteln oder Drogen blieben jedoch ergebnislos.
Eine im Stallhotel befindliche ausländische Touristengruppe – laut Einreisevisum Wissenschaftler der Astronomie – wurde der unerlaubten Arbeitsaufnahme überführt, da sie einen „Stern gesehen" hatte, also zweifelsfrei ihrem Beruf nachgegangen war.
Das festgesetzte Bußgeld für diese und andere Ordnungswidrigkeiten (Kamele parken im Halteverbot z. B.) entrichteten sie sofort in Gold, Weihrauch und Myrrhe. Zu prüfen bleibt, ob der Goldbetrag unter das Geldwäschegesetz fällt, ob es eine unzulässige Kreditvergabe an die Eltern des Kindes, eine tatsächlich gemeinnützige Spende oder eine Schenkung zwecks Hinterziehung der Erbschaftssteuer ist.
Seitens meiner Behörde ordne ich die sofortige Inhaftierung der Hirten und der Weisen an, da Verdunklungsgefahr besteht („heilige Nacht"!!), und empfehle die baldige Abschiebung der Asylantenflut, bevor sie dieser unserer ordnungsgemäßen Maßnahme durch Flucht (denkbar wäre Ägypten) zuvorkommen.
Sollten sich die steuerflüchtig-scheinverheiratet-schwarzarbeitenden Verdächtigen behördlichem Zugriff widersetzen, ist herodischerseits die Option Kindermord nicht auszuschließen.
Mit gründlichem Gruß – Hochachtungsvoll

Pingelmann
(nach Diktat verreist)

Andreas Malessa

Weitergeben

ab 8 Personen
ab 8 Jahren
ca. 5-20 Minuten
Charakter: spannend, interessant, kniffelig, witzig, starker Wettbewerb
Material: diverse Materialien, je nach Aktion (siehe unten)

Ich sitze manchmal in Fußgängerzonen auf der Erde mit einem Schild „Ich wurde reich beschenkt, nimm dir was raus". Vor mir liegt eine Pappschachtel mit Geldmünzen. Wenn die Leute mich fragen, was das soll, sage ich ihnen, dass ich von Gott reich beschenkt bin mit Zeit und Kraft, mit Begabungen und Talenten, mit Geld und vielem anderen. Gott möchte, dass ich das nicht einfach nur für mich behalte, sondern das weitergebe, weiterverschenke, meine Zeit verschenke an Menschen, die meine Zeit brauchen. Z. B. alte und behinderte Menschen besuchen oder Ausländerkindern die deutsche Sprache beibringen. Jemand sagte mal, dass die Liebe das Einzige ist, was sich vermehrt, wenn man es verschenkt. Gott hat uns seine Liebe in Jesus vor 2000 Jahren geschenkt, und wer diese Liebe erfahren hat und erfährt, wird sie nicht für sich behalten. Gottes Liebe ist darauf angelegt, weitergegeben zu werden.

Wie man was weitergibt oder dem Nächsten überreicht, kann ja sehr unterschiedlich sein. Heute versuchen wir eine etwas verrückte Weitergabe-Staffel. Sucht euch aus den unteren Beispielen ein paar Dinge aus:

- Eine Murmel (Klicker) von Teller zu Teller weiterreichen (für die Profis: auch mehrere Murmeln gleichzeitig weitergeben).
- Eine Tasse Wasser in die Tasse des Nächsten weiterschütten.
- Ein Geldstück von Handrücken zu Handrücken weitergeben, ohne die andere Hand dabei zu benutzen.
- Einen Tannenzapfen mit den Knien weitergeben.
- Einen Tennisball mit Teelöffel (kein Esslöffel) weiterreichen.
- Mit den Armen ein Buch weitergeben, ohne die Hände zu Hilfe zu nehmen.
- Mit den Füßen einen Putzlappen (über dem Fußboden) weiterreichen.
- Mit einem Strohhalm ein Stück Styropor weitergeben.
- Einen aufgeblasenen Luftballon auf den Kopf legen und vorsichtig auf den Kopf des Nachbarn „kippen".
- Einen aufgeblasenen Luftballon mit zwei Gabeln (mit den Spitzen) weitergeben und das Gegenüber nimmt den Luftballon mit den Spitzen seiner Gabel in Empfang.
- Die Hülle einer Schachtel Streichhölzer von einer Nase zur anderen Nase weitergeben.

Fallen euch noch andere Möglichkeiten ein, etwas weiterzugeben?

DER VEREIN HAT SICH ABER ENTWICKELT...
...ANGEFANGEN HABEN SIE MAL MIT EINEM ESEL!
JÖRG 2001

Whynacht

Kabelbrand am Herzschrittmacher.
Stille Nacht und laute Lacher.
Weihnachtsfeier Nummer neunzehn:
Woll'n Sie meinen neuen Freund sehn?
Holder Knab', gelocktes Haar.
Smalltalk an Buffet und Bar.
Süßer als die Glocken klingen
kann der Chef auf einmal singen.

Hoch die Tür und weit das Tor.
Keinem kommt das komisch vor.
Freu' dich, Erd' und Sternenzelt,
er zahlt schließlich Weihnachtsgeld.
Hosenflattern, Magensalto.
Kannst du in Excelsis Deo?
Hast du die Geschenke alle:
Schönstes Kindlein in dem Stalle.
Leise rieselt nirgends Schnee.
Hals und Hände voll Cartier.
Oma kam, als alles Kopf stand.
Einkaufszettel an der Pinnwand.

Fröhlich soll mein Herze springen.
Darf ich jetzt Espresso bringen?
Mit den Hirten will ich gehen,
kann kein Spritzgebäck mehr sehn.

Welchen Jubel, welche Freude
hat die Abflughallen-Meute.
Engel brachten frohe Kunde:
Wartezeit kaum eine Stunde.
Hoch vom Himmel komm ich her:
Badeurlaub Rotes Meer.
Rückgrat zeigen! Anders leben!
Morgen, Kinder, wird's was geben.

Keiner will den Rummel steigern.
Alle wollen sich verweigern.
Ach, die Häme und der Hohn
sind ja auch schon Tradition ...

Andreas Malessa

Zeitenraten

ab 2 Personen
ab 10 Jahren
ca. 5-10 Minuten
Charakter: kniffelig, interessant, leichter Wettbewerb
Material: –

Wie schnell die Zeit vergeht! Und auch das Jahr geht wieder einmal zu Ende. Es gibt ja unterschiedliche Antworten auf die Frage, wie spät es ist.

Manche sagen $\frac{3}{4}$ 8,
– andere sagen 8.15 Uhr
– oder 20.15 Uhr
– man könnte aber auch sagen 1 Stunde vor $\frac{1}{4}$ nach 9
– oder 7.75 Uhr
– oder 15 Minuten vor halb neun.

Wer hat als Erster die „richtige" Uhrzeit genannt:

50 Minuten nach 13.20	= 14.10 Uhr
10 Minuten vor 5 Minuten nach 1	= 5 vor 1 oder 12.55 Uhr
20 Minuten nach 18.40	= 19 Uhr
180 Minuten nach 23 Uhr	= 2 Uhr
1 Stunde vor 6	= 5 Uhr

20 Minuten nach ¼ nach 13 Uhr	= 13.35 Uhr
10 Minuten vor 20 Minuten vor 6	= 5.30 Uhr
2 Stunden nach 23 Uhr	= 1 Uhr
35 Minuten vor ¼ nach 9	= 8.40 Uhr
86 Minuten vor 1.26 Uhr	= 0 Uhr
halbe Stunde vor halb 9	= 8 Uhr
17.75 Uhr	= 18.15 Uhr

Du kannst dir ja noch ein paar weitere verzwickte Zeitkombinationen ausdenken und deinen Eltern damit mal auf den Zahn bzw. auf den Wecker fühlen oder fallen.

Oh, du fröhliche ...!

Das Krippenspiel

Szene aus einem Krippenspiel, verfasst und aufgeführt von Schülern einer vierten Grundschulklasse:

Maria und Josef stehen in Bethlehem vor einer Herberge und bitten um Nachtquartier.

Wirt: „Seht ihr denn nicht das Schild ‚Kein Zimmer frei'?"

Josef: „Doch, doch, aber seht ihr denn nicht, dass mein Weib schwanger ist und jeden Augenblick niederkommen kann?"

Wirt: „Dafür kann ich doch nichts."

Josef: „Ich vielleicht?"

Schottische Gastfreundschaft

Sagt ein Schotte zu einem Freund: „Willst du Weihnachten mit mir zusammen essen?"

„Ja, gern!"

„Gut", sagt der erste Schotte. „Dann bin ich um zwanzig Uhr bei dir!"

Die Geschichte vom Lametta

Weihnachten naht, das Fest der Feste –
das Fest der Kinder – Fest der Gäste –
da geht es vorher hektisch zu ...
von Früh bis Abend – keine Ruh –
ein Hetzen, Kaufen, Proben, Messen –
hat man auch niemanden vergessen ...?

So ging's mir – keine Ahnung haben –
vor ein paar Jahren – Heiligabend,
der zudem noch ein Sonntag war.
Ich saß grad bei der Kinderschar.
Da sprach mein Mann: „Tu dich nicht drücken
du hast heut noch den Baum zu schmücken!"

Da Einspruch meistens mir nichts nützt,
hab kurz darauf schon geschwitzt.
Den Baum gestutzt – gebohrt – gesägt –
und in den Ständer eingelegt.
Dann kamen Kugeln, Kerzen, Sterne,
Krippenfiguren mit Laterne,
zum Schluss – ja Himmeldonnerwetta ...
Nirgends fand ich das Lametta!

Es wurde meinem Mann ganz heiß
und stotternd sprach er: „Ja, ich weiß:
Im letzten Jahr war's arg verschlissen –
drum ham wir's damals weggeschmissen.
Und – in dem Trubel dieser Tage,
bei meiner Arbeit, Müh und Plage –
ich werd was von dem Nachbarn borgen!"

Die Nachbarn – links, rechts, drunter, drüber,
die hatten kein Lametta über!
Da schauten wir uns an verdrossen!
Die Läden sind ja auch geschlossen ...

So sprach ich dann zu meinen Knaben:
„Hört zu! Wir werden heuer haben
einen Baum – altdeutscher Stil,
weil ... mir Lametta nicht gefiel ...!"
Da gab es Heulen, Schluchzen, Tränen ...
und ich gab nach den Schmerzfontänen:
„Hört endlich auf mit dem Gezeta –
ihr kriegt 'nen Baum – mit viel Lametta!"

Zwar konnt ich da noch nicht begreifen,
woher ich nehm die Silberstreifen ...
Doch gerade, als ich auch mein Messa –
da les ich: „HENGSTENBERG MILDESSA" ...
es war die Sauerkrautkonserve ...!
Ich kombinier mit Messers Schärfe:
Hier liegt die Lösung eingebettet ...
Das Weihnachtsfest, es ist gerettet!!!

Schnell wurd der Deckel aufgedreht,
das Kraut gepresst, so gut es geht –
zum Trocknen – einzeln – aufgehängt –
und dann geföhnt, doch nicht versengt!!!
Die trocknen Streifen, sehr geblichen,
mit Silberbronze eingestrichen –
auf beiden Seiten: Silberkleid!
Oh, freue dich, du Christenheit.

Der Christbaum ward einmalig schön.
Wie selten man ihn hat gesehn!
Zwar roch's süßsauer zur Bescherung:
Gerüchlich gab's ne Überquerung,
weil mit Benzin ich wusch die Hände,
mit Nitro reinigte die Wände,
dazu noch Räucherkerz und Myrthe –
Der Duft die Menge leicht verwirrte!
Und jedermann sprach still verwundert:
„Hier riecht's nach technischem Jahrhundert!"

Ne Woche drauf ... ich saß gemütlich
im Sessel; las die Zeitung friedlich,
den Bauch voll Feiertags-Rester –
's war wieder Sonntag und Sylvester.

Da sprach mein Mann: „Du weißt Bescheid?!
Es kommen heut zur Abendzeit
Schulzes, Lehmanns und Herr Meier
zu unserer Sylvesterfeier ...
Wir werden laben wie die Fürsten –
mach Sauerkraut mit Wiener Würsten!!!"
Ein Schrei ertönt! Entsetzt ich schaut:

„Am Christbaum hängt mein Sauerkraut ...!!!
Vergessen, Neues zu besorgen!
Ich werd was von den Nachbarn borgen!"
Die Nachbarn – links, rechts, drunter, drüber,
die hatten – leider – keines über!
Da schauten wir uns an verdrossen:
Die Läden sind ja auch geschlossen!
Und so ward wieder ich der Retta:
Nahm ab vom Baum das Lametta.

Mit Terpentinöl und Bedacht
hab' ich das Silber abgemacht.
Das Kraut dann gründlich durchgewässert,
mit reichlich Essig noch verbessert;
dazu noch Nelken, Pfeffer, Salz
und Curry, Ingwer, Gänseschmalz!
Dann, als das Ganze sich erhitzte –
das Kraut, das funkelte und blitzte –
da konnt ich nur nach oben fleh'n:
„Lass diesen Kelch vorübergehn ...!"

Als später dann das Kraut serviert,
ist auch noch Folgendes passiert:
Da eine Dame musste niesen,
sah man aus ihrem Näschen sprießen
tausend kleine Silbersterne ...
„Mach's noch einmal: Ich seh das gerne ..."
So rief man ringsum, hocherfreut –
die Damen wussten nicht Bescheid!

Franziska Lehmann sprach zum Franz:
„Dein Goldzahn hat heut Silberglanz!"

Und einer, der da musste mal,
der rief: „Ich hab 'nen Silberstrahl ...!"

So gab's nach dieser Krautmethode
noch manche nette Episode!

Beim Heimgang sprach ein Gast zu mir:
„Es hat mir gut gefallen hier,
doch wär die Wohnung noch viel netta,
hättest du am Weihnachtsbaum Lametta!!!"
Ich konnte da gequält nur lächeln
und mir noch frische Luft zufächeln.
Ich sprach – und klopfte mir aufs Jäckchen:
„Im nächsten Jahr, da kauf ich hundert Päckchen!!!"

Die Weltfrage: Gibt es den Weihnachtsmann wirklich?

I. Facts:

1) Keine bekannte Spezies der Gattung Rentier kann fliegen. Aber es gibt 300 000 Spezies von lebenden Organismen, die noch klassifiziert werden müssen, und obwohl es sich dabei hauptsächlich um Insekten und Bakterien handelt, schließt dies nicht mit letzter Sicherheit fliegende Rentiere aus, die nur der Weihnachtsmann bisher gesehen hat.

2) Es gibt 2 Milliarden Kinder auf der Welt. Aber da der Weihnachtsmann keine Moslems, Hindu, Juden und Buddhisten beliefert, reduziert sich seine Arbeit auf etwa 15 % der Gesamtzahl – 378 Millionen Kinder. Bei einer durchschnittlichen Kinderzahl von 3,5 pro Haushalt ergibt das 91,8 Millionen Häuser. Wir nehmen an, dass in jedem Haus mindestens ein braves Kind lebt.

3) Der Weihnachtsmann hat einen 31-Stunden-Weihnachtstag, bedingt durch die verschiedenen Zeitzonen, wenn er von Osten nach Westen reist (was logisch erscheint). Damit ergeben sich 822,6 Besuche pro Sekunde. Somit hat der Weihnachtsmann für jeden christlichen Haushalt mit braven Kindern 1/1000 Sekunde Zeit für seine Arbeit: Parken, aus dem Schlitten springen, den Schornstein runterklettern, die Socken füllen, die übrigen Geschenke unter dem Weih-

nachtsbaum verteilen, alle übriggebliebenen Reste des Weihnachtsessens vertilgen und zum nächsten Haus fliegen. Angenommen, dass jeder dieser 91,8 Millionen Stopps gleichmäßig auf die ganze Erde verteilt sind (was natürlich, wie wir wissen, nicht stimmt, aber als Berechnungsgrundlage akzeptieren wir dies), erhalten wir 1,3 km Entfernung von Haushalt zu Haushalt, eine Gesamtentfernung von 120,8 Millionen km, nicht mitgerechnet die Unterbrechungen für das, was jeder von uns mindestens einmal in 31 Stunden tun muss, plus Essen usw. Das bedeutet, dass der Schlitten des Weihnachtsmannes mit 1040 km pro Sekunde fliegt, also der 3000-fachen Schallgeschwindigkeit. Zum Vergleich: Das schnellste von Menschen gebaute Fahrzeug auf der Erde, der Ulysses Space Probe, fährt mit lächerlichen 43,8 km pro Sekunde. Ein gewöhnliches Rentier schafft höchstens 24 km pro Stunde.

4) Die Ladung des Schlittens führt zu einem weiteren interessanten Effekt. Angenommen, jedes Kind bekommt nicht mehr als ein mittelgroßes Lego-Set (etwa 1 kg), dann hat der Schlitten ein Gewicht von 378 000 Tonnen geladen, nicht gerechnet den Weihnachtsmann, der übereinstimmend als übergewichtig beschrieben wird. Ein gewöhnliches Rentier kann nicht mehr als 175 kg ziehen. Selbst bei der Annahme, dass ein »fliegendes Rentier« (siehe Punkt 1) das Zehnfache des normalen Gewichts ziehen kann, braucht man für den Schlitten nicht 8 oder vielleicht 9 Rentiere. Man braucht 216 000 Rentiere. Das erhöht das Gewicht – den Schlitten selbst noch nicht einmal eingerechnet – auf 410 400 Tonnen. Nochmals zum Vergleich: das ist mehr als das vierfache Gewicht der »Queen Elizabeth«.

5) 410 400 Tonnen bei einer Geschwindigkeit von 1040 km/s erzeugt einen ungeheuren Luftwiderstand – dadurch werden die Rentiere aufgeheizt, genauso wie ein Raumschiff, das wieder in die Erdatmosphäre eintritt. Das vorderste Paar Rentiere muss dadurch 16,6 TRILLIONEN Joule Energie absorbieren, pro Sekunde. Jedes. Anders ausge-

drückt: Sie werden praktisch augenblicklich in Flammen aufgehen, das nächste Paar Rentiere wird dem Luftwiderstand preisgegeben, und es wird ein ohrenbetäubender Knall erzeugt. Das gesamte Team von Rentieren verdampft innerhalb von Tausendstel Sekunden. Der Weihnachtsmann wird währenddessen einer Beschleunigung von der Größe der 17 500-fachen Erdbeschleunigung ausgesetzt. Ein 120 kg schwerer Weihnachtsmann (was der Beschreibung nach lächerlich wenig sein muss) würde an das Ende seines Schlittens genagelt – mit einer Kraft von 20,6 Millionen Newton.

II. Fazit:
Damit kommen wir zu dem Schluss: Wenn der Weihnachtsmann irgendwann einmal die Geschenke gebracht hat, ist er heute tot.

Zeitung reißen

ab 2 Personen
ab 7 Jahren
ab 5 Minuten
Charakter: interessant, spannend
Material: alte Zeitungen

Jeder bekommt die Aufgabe, seinen Weihnachtswunsch aus Zeitungspapier zu reißen. Anschließend sollen die anderen erraten, was das sein soll.

Eine weitere Spielidee mit alten Zeitungen:
Ein kleiner Wettbewerb in kleinen Gruppen: Welche Gruppe hat innerhalb von 3 Minuten die meisten Sterne aus Zeitungspapier gerissen?

Als ob die Hirten einen anderen Herrn hätten ...

Brief des Pächters Ibrahim an Ben Charub, Eigentümer eines Grundstückes mit Stallungen vor Bethlehem

Mächtiger, gefürchteter und geliebter Ben Charub!

Die drei Drachmen Pachtzins überbringt Dir hiermit wie alljährlich um diese Zeit als Bote mein begabter Neffe Lom. Zum Geld aber habe ich Dir einen Brief beilegen müssen für diesmal, einen Brief, den ich dem Schriftkundigen Echail aufgesagt habe, wobei ich ihn um mögliche Kürze bat, da er sich jedes Wort bezahlen lässt – der Schlaufuchs, und oft ins Blumenreiche gerät.
Großer Ben Charub: Auf Deinem Grundstück und in dem Stall, den Deine Güte und Menschlichkeit mir zur Pacht überlassen haben, ist Ungewöhnliches geschehen. Ich möchte gleich bitten, erhabener Eigentümer, die Ursachen dieser Geschehnisse nicht bei mir zu suchen. Ich bin nur Pächter und habe schon Mühe, mich in meiner Familie und meinem Hauswesen durchzusetzen – Du kennst mein Weib Rachel –, und besitze nicht einmal einen Abglanz von der Stärke unseres unvergleichlichen Kaisers Augustus, der die Volkszählung anordnete.
Mit dieser Volkszählung begann alles, was Dein Grundstück und Deinen Stall in Mitleidenschaft gezogen hat. Es kamen Scharen von Auswärtigen in unseren Ort, wenige Bekannte nur, die meisten wild-

fremd. Die Menschenmengen brachten Unruhe in unsere Gassen und schreckten auch nicht vor den Schwellen unserer Häuser zurück, wenn sie Speise oder eine Schlafstatt brauchten. Manche beriefen sich auf verwandtschaftliche Bande, an die sich bei uns kaum jemand erinnern konnte.

Zu mir kam zum Beispiel ein gewisser Joseph, der behauptete, vor vierzig Jahren in meinem Hause geboren und ein Vetter von mir zu sein. Das mochte stimmen – oder auch nicht. Im Gesicht konnte ich eine Familienähnlichkeit nicht ausmachen, nun sah der Mann etwas struppig, aber sonst harmlos aus.

Er hatte ein junges Mädchen bei sich, das ein Kind erwartete. Nach einigem Zögern wollte ich sie einlassen, als Rachel mich von hinten anstieß und mir zuflüsterte, welche Scherereien die beiden uns ins Haus bringen würden: Aufregung, Arbeit und Lauferei. Und da Rachel in solchen Dingen und allen anderen Recht hat, musste ich bedauernd die Schultern heben und die Tür langsam wieder zumachen und dann fest verschließen.

Und dieser Joseph und seine Frau müssen es gewesen sein, die ohne Erlaubnis Deinen Stall aufgesucht und sich für einige Wochen darin eingerichtet haben. Und die Frau hat ihr Kind dort zur Welt gebracht. Wie gesagt, von mir aus hatten sie für nichts eine Erlaubnis, aber wer fragt denn heutzutage schon nach der Erlaubnis eines Pächters. Wenn's wenigstens noch der Eigentümer wäre! Mit einem Wort: Es waren Stallbesetzer!

Nun haben diese beiden, der Joseph und seine Frau, den Stall eigentlich recht ordentlich gehalten, manches sah sogar besser als vorher aus: Die Tür war instand gesetzt und vier eingeknickte Dachsparren waren säuberlich geflickt; der Mann muss handwerkliches Geschick haben. Aber dafür fehlte einiges an Futtergetreide, und auch ein paar Strohgarben waren zerlegen und zu Häcksel geworden.

Und dieses Paar und das Kind müssen viele Besucher gehabt haben, ganze Volksscharen von Besuchern: Der Vorplatz ist arg zertrampelt

und mehrere Feuerstellen haben das Gras bis zur Wurzel versengt. Das dauert Jahre, bis da was nachwächst. Von der Handelsstraße bis zum Stall ist ein richtiger Weg entstanden, was für uns unangenehm ist, da jetzt manche Reisenden irregeführt werden und den neuen Pfad entlanggehen in der Hoffnung, auf eine Karawanserei zu stoßen.
Aber das Schlimmste sind nicht diese äußeren Veränderungen. Da ist in den Dingen selbst etwas anders geworden: im Holz, in den Gräsern, tief im Boden, in den Tieren – ja, und in den Menschen, Ben Charub, Du Kenner der Menschen in ihren Unarten und Eigenarten.
Als ich im Stall nach dem Rechten sah und die Hirten über die Vorgänge zur Rede stellte, kümmerten sich diese Männer kaum um mich. Sie ließen den früheren angenehmen Gehorsam vermissen. Sie blickten durch mich hindurch und sahen aus, als ob sie nicht mehr Deine Bediensteten, sondern anderweitig Beschäftigte wären. Ich kann es nicht richtig erklären. Vielleicht doch: Die Hirten sahen aus, als ob sie einen andern Herrn angenommen hätten.
Da müsstest Du, edler Charub, als rechtmäßiger Eigentümer dieser Gegend und ihrer Menschen doch etwas unternehmen! Noch eins: Das Paar und das Kind sind schon seit einiger Zeit fort. Die Familie soll plötzlich aufgebrochen und bei Nacht über die Grenze gegangen sein. Seit der Flucht dieses Joseph und seiner Frau und dem Kind fehlt auch mein Esel Guman, den ich in Deinem Stall stehen hatte. Aber ein Hirtenjunge brachte mir eine Nachricht von dieser Familie: Sie hätten den Esel dringend gebraucht und hier sei die Bezahlung.
Nun, der Kaufpreis war ja reichlich, und ich habe mir von dem Goldstück ein stärkeres Tragetier als diesen klapprigen Guman angeschafft, sodass wir diese Angelegenheit rasch vergessen können.
Nur das mit den veränderten Menschen, das solltest Du hier auf Deinem Grund und Boden überprüfen.
Ich sehe Deiner Ankunft entgegen und bin bis dahin
Dein dankbarer und besorgter Pächter Ibrahim.

Josef Reding

Schneeballschlacht im Trockenen

ab 2 Personen
ab 5 Jahren
ab 5 Minuten
Charakter: wild, witzig, etwas verrückt, kein Wettbewerb
Material: genug alte Zeitungsseiten

Es liegt ja nicht immer Schnee und vielleicht hast du ja trotzdem Lust zu einer Schneeballschlacht. Nimm einfach eine Doppelseite der Zeitung, zerknülle sie zu einem (Schnee-) Ball, mache das Gleiche mit weiteren 50 Zeitungsseiten, und schon kann die Schneeballschlacht im Kinderzimmer beginnen.

Happy Birthday Jesus!

Herzlichen Glückwunsch, Jesus, zum Geburtstag. Das sagt man so schnell. Ich weiß gar nicht, ob ich dir Glück wünschen soll? Es war ja eigentlich unser Glück, dass du als Gott Mensch geworden bist und uns Gottes Willen bekannt gemacht hast.

Ob man das, was du damals vor etwa 2000 Jahren erlebt hast, als Glück bezeichnen kann, würde ich ja eher noch bezweifeln. Das sah ja eher glücklos aus, als du ans Kreuz genagelt wurdest, und das auch noch wegen uns, nicht wegen dir. Gut, die Auferstehung, das war eine echte Überraschung, aber Glück war das auch nicht. Eher gut durchdacht von deinem Vater. Mann, Jesus, du bist ganz schön alt geworden. Wie hast du das nur gemacht? Und du hast dich so dynamisch gehalten, du bist trotz deines Alters keineswegs altmodisch, im Gegenteil, je mehr ich mich zu der 2000er-Altersgrenze hinbewege (okay, bei mir braucht es noch etwas), desto mehr wird mir bewusst, du bist noch hochaktuell, innovativ in jeder Hinsicht, überhaupt nicht verstaubt und verblasst. Ob dein Rezept der „ewigen Jugend" etwas mit der konstanten Gegenwart deines Vaters zu tun hat?

Jesus, ich wünsche dir auf jeden Fall ganz viele Gäste auf all deinen Feiern (wünsche ich das eigentlich ihm oder eher den Gästen??!! ...). Ich komme auch.

Dein Freund Arno Backhaus

Auf einen Blick ...

Arno Backhaus kann man übrigens auch einladen

- Zu einem Familien-Spiele-Nachmittag mit Liedern, Spielen, Quiz und Überraschungen rund um die Bibel (ab 10 Jahren)
- Zu einem Vortrag für Paartreffen oder Frühstückstreffen für Männer oder/und Frauen
- Zu einem Eheseminar mit seiner Frau
- Zu einem Konzert unter dem Motto „Lieder, Texte & Persönliches – zum Überleben und Totlachen“
- Zu einem Gebetskonzert mit viel Stille und Hören auf Gott
- Zu einer „Kinder-Überraschung“ mit Spiel, Spaß & Gags (ab 7 Jahren/mit oder ohne Erwachsene)
- Zu einem Seminar „E-fun-gelisation“ (missionarischer Lebensstil & Gesprächsschulung)
- Zu einer „Laugh-Parade“ mit viel Klamauk, Gags, Witzen, Songs und Volkstanz

Kontakt: Arno Backhaus
Hauptstr. 12 – 34379 Calden (bei Kassel)
Tel. 05677-1343 – Fax 05677-528
bauchladen@arno-backhaus.de
www.arno-backhaus.de

Arnos Medien-Parade

Lache über ...
Pb., 128 S.

Lieber Lachfalten ...
Pb., 128 S.

Lache, und die Welt ...
Pb., 144 S.

Ach du Schreck! ADS
Pb., 176 Seiten

Arnos Spielebuch
Pb., 448 S.

Bibel dir ...
Pb., 192 Seiten

Das wäre ja gelacht!
1 CD, 76 Minuten